海外不動産投資はなぜドイツがいいのかホンネでお話しいたします

株式会社国際不動産エージェント
代表取締役
市川隆久
TAKAHISA ICHIKAWA

とりい書房

はじめに

みなさんは「海外不動産投資」と聞いて、どうお感じになるでしょうか。

「夢とロマンを兼ね備えた堅実な資産運用」とお思いですか？

それとも、「怪しげな、ハイリスクの投資話」と思われますか？

ある程度まとまった資産をお持ちの方にとって、リスクを分散して安定的に運用するのは大事なことです。昔から「資産三分法」といって、現金、不動産、金融商品の３種類に資産を分けて保有し、思いもよらない事態で資産を大きく損ねることのないような工夫がなされてきました。

今ではさらに進んで、それらの資産を日本国内と海外、それも海外のいくつかの地域に分けて置くような考え方も出てきています。

私も資産を分けて保有することには賛成で、たとえば2割くらいを不動産で持つことをおすすめしています。ただし、国内の不動産は持っているだけで価値が増えるかどうかは時期によりますので、基本的には家賃収入を得るなどのインカムゲインを考えなければなりません。

ところで、不動産投資という言葉にアレルギーのある人がいます。

「甘い言葉に釣られて退職金を失い、不安な老後を送っている人を知っている。不動産投資は危ない」

と、頭から否定的な態度になってしまう人もいます。

その原因は、日本国内の不動産投資における異常な状況にあります。

本書で詳しく説明しますが、日本の不動産投資、典型的な例が新築ワンルームマンションやアパート投資ですが、資産をさほどたくさんお持ちでない方に、極端な場合は頭金ゼロで融資を行い、「老後の個人年金になります」などと売りつけることがよくあります。

背景には金融機関の金余り、不動産業界の収益構造などがあるのでしょうが、そのような場合は最初こそ予定通りに家賃が入ってきても、しばらくすると空室になったりして家賃を下げざるを得なくなることもあります。またリフォームに予定以上のお金がかかることもあります。

すると、ローンで取得した物件ですから、すぐに赤字になってしまい、個人年金どころか金利の逆ざやを払えなくなって最後は自己破産などという悲惨な目にあったりします。
そのようなケースを見聞きしているから、「不動産投資は危ない」と思ってしまう人が出てくるのでしょう。

でも、それは日本が異常なのであって、世界ではそこまで極端なことは起こりにくいのです。何しろ金融機関がフルローンなど組んでくれませんから、お金に余裕のない人は不動産投資などできないようになっているのです。

本書は海外不動産投資、それもヨーロッパのドイツの不動産が投資に向いているということをお伝えするためのものです。さらに言えば、ドイツのある特定の州の不動産のみをおすすめしています。
それは、私がドイツ好きだからとか、そのエリアに特殊な利権を持っているからとかではなくて、

「今の状況ではその場所が投資に適している」

という論理的な理由があるからです。

不動産投資には特殊な才能やカンは必要ありません。充分な情報を得て比較検討し、論理的にリスクが低いと考えられる物件に投資すれば、失敗する可能性はさほど大きくはありません。

不動産投資はミドルリスク・ミドルリターンであると言われます。

ぜひみなさんも本書で正しい不動産への見方を体得していただき、大切な資産をしっかりと管理していただければと思います。

今、日本には海外不動産投資について、ニュートラルな立場で専門的なアドバイスを行える人がほとんどいません。情報と知識を持っているのはみんな売る側の人たちなので、お客さんを買わせる方向にしかガイドしないからです。

私はそんな風潮に風穴を開けたいと思い、今の会社を立ち上げました。幸い、パートナーとお客様に恵まれて、おかげさまで少しずつですが事業を成長させています。


また、私はお客様に甘言は申し上げません。たとえばドイツの不動産投資をするには、できれば3000万円くらいの余裕資金が必要であるとお伝えしています。もちろん、500~600万円からの投資も可能ですが、最近はその規模の物件が出にくくなっているため、長く待つ必要があるのと、1戸のみの保有は空室による期間損失リスクが大きいため、あまりおすすめしていないためです。

3000万円くらいからの投資なら、空室リスクも減り、ゆったりした気分で運用ができます。安定的に家賃収入を得て、将来的に値上がりしたら売却。そんな感じで取り組みながら、時々はドイツに出かけて現地の風物を楽しむ。ぜひそういう投資を楽しんでいただきたいと思っています。

本書がみなさまのお役に立てることを念じながら、いろいろな角度からお話しさせていただきたいと思います。ぜひ、最後までお付き合いのほどお願いします。

2019年4月

市川隆久

●総目次

第2章 なぜドイツの不動産投資がいいのか

第3章 私がおすすめする投資スタイルはこれだ

第4章 各国別不動産投資のメリットとデメリット

第5章 安全で儲かる不動産投資物件を選ぶコツ

第6章 ドイツ不動産投資実例集（※販売済の物件も含まれます）

序章

私の不動産業界歴とドイツとの出会い

公務員よりも社長がいい

私は1961年3月21日に埼玉県の蓮田市に生まれました。

私の父は検察事務官というお堅い仕事の公務員でしたが、父の実家は商売をやっていて、自動車が5台もあり、各部屋にクーラーがついている大きな家でした。

それに引き換え、我が家は借地の小さな家で、「うちには財産がない」といつも両親から聞かされていましたから、子ども心に「公務員よりも社長がいいな」と思っていました。実際、小学校1年のときに、私はクラスメイトや親戚に向かって「社長になりたい」と公言していました。

その後、私は埼玉県立不動岡高校に進学しました。ここは加須《かぞ》市にある学校で、多くの生徒が埼玉大学に進学して教師になるコースを選んでいました。私のいた国立文系クラスでも、7割くらいの生徒が「将来は教師になる」と決めていました。私はそんなに早く自分の人生を決めてしまうことへの反発と、教師は公務員っぽいという理由から、みんなとは違う道を歩みたいと考えました。

実は職業としての教師は嫌いではありませんでした。なぜなら、私は当時からしゃべるのが大好きだったからです。でも教師は公務員っぽい。そこで私は塾の講師は魅力があるなと思いました。

なぜ塾の講師がよかったのかというと、中学時代に通っていた塾の先生の教え方が素晴らしく、いつも感動していたためです。その塾は個人宅でやっている英語塾で、その塾に行けば学年トップクラスの成績が取れるというのでとても人気がありました。私は姉と一緒に通ったのですが、その姉はその後、英語の先生になりました。

その塾では教科書を使って学校の授業より1か月くらい先の予習をやるのですが、女の先生の教え方がすごくわかりやすいので、どんどん頭に入ってきます。おかげで学校で本番の授業をやるときには全部頭に入っていますから、テストも満点近い点が取れます。

私は中学時代はハンドボール部に入っていて、関東大会で2位という成績を収めたのですが、その塾のおかげで部活に熱中していても英語の成績だけはいつも学年トップでした。その余力で高校でも英語の成績が良く、私は東京外語大学に進学することができました。

そのまま希望通りに英文科か何かに入って塾の先生になっていたら、今の私はありません。みなさんがこの本を読むこともないわけです。

なぜそうならなかったかというと、私は大学入学にあたって、英文科ではなく中国語科を選んだからです。英語ができても珍しくもなんともない、世界で人口が多いのは中国語を話す人とスペイン語を話す人だから、そのどちらかをマスターすれば世界中どこへ行っても困らないだろうと考えて、中国語を選択しました。

しかし、その選択は当時の私にとっては、失敗でした。中国語の授業はちっともおもしろくなく、当時の中国は毛沢東が失脚して5年くらい経ったところで、まだ市場開放政策もとっていませんでしたから、魅力的な国ではありませんでした。

私は、とにかく卒業だけはしてしまおうと思い、アルバイトに精を出しました。どうせやるなら時給のいいところをと探して見つけたのが、日本リクルートセンター。今のリクルートの前身です。当時で2時間3500円という破格の待遇でした。

アルバイトが縁でリクルートへ

そのころの外語大中国語男子は、卒業すると引く手あまたでした。先輩たちの就職先を見ても、三井物産、三菱商事をはじめとする優良企業がずらり。私もそういう会社のどこかに入るつもりでいましたが、アルバイトをしているうちに、リクルートの給料がすごくいいことに気づきました。

どうせ就職するなら、給料が良くておもしろそうな会社がいい。私はそう思って、リクルートに入社することにしました。

4月1日に出社すると、配属先が発表されました。私の行くところは「環境開発」という子会社。後にリクルートコスモスと名を変える不動産会社でした。そこに出向することになったことが、私と不動産業界との出会いです。

当時のリクルートは2000人の会社でしたが、私の職場である不動産会社は100人もいない小さな会社です。みんな不動産のことを何も知らない人ばかりで、私が入った部署はその日にできたばかりでした。

先輩もみんな素人ですから、誰も仕事のやり方を教えてくれません。何もかも自分で考えて、体当たりでやっていきました。それが私には合っていたのでしょう。毎日仕事が楽しくて仕方ありませんでした。

どんな仕事をやっていたのかというと、150戸くらいの住宅の販売責任者になって、自分で収支管理から広告立案、クレーム処理まですべて担当します。幸い、接客だけはやってくれる人がいましたが、入社1年目で責任者の立場です。

そして2年目に入ると、埼玉出身だからと埼玉県の拠点づくりを任されました。事務所探し、家賃交渉、運転手、営業、とにかくあらゆることを経験させてもらいました。そして3年目には社内のトップ営業マンになり、5年目には課長を拝命しました。

不動産、万国共通のルール

こんな流れで私の20代前半は、大企業に入社していたらとても得られないような貴重な体験を重ねることになりました。その後、バブルが弾けたり、リーマンショックがやってきたりして、不動産業界は激動の時代を迎えます。そしてリクルートは不動産部門を切り離し、私は会社を去りました。

ただし、私がリクルートコスモスにいた25年間で得た知識は、大きな財産となりました。

そのひとつが、ある物件を調べて適正価格を割り出す私なりの方法です。それはリクルートコスモスのマーケティングの基礎となりましたが、私は今でもその方法で海外不動産の適正価格を割り出しています。

その秘訣の一端をお話ししましょう。みなさんは不動産において万国共通の「好かれる条件」は何か、ご存じでしょうか。それは、眺望、外観、たたずまいです。

眺望というのは、「富士山が見える」とか「東京タワーが見える」とか、「海が見える」とかです。ニューヨークのコンドミニアムでも「エンパイアステートビルが見える」ということを不動産業者は力説します。

そして外観。見た目の格好良さです。今の都心ではタワーマンションが一番格好がいいですが、買うなら格好のいい建物を選ぶべきです。なぜなら、高く売れるから。同じエリアで同じ築年数でも、格好のいい建物とそうでない建物では値段がまるで違ってきます。

最後のたたずまいも外観と関係しますが、その立地にふさわしい建物としての存在感があるかどうかです。要するに、所有する人が満足感を得られるかどうかで、これはその建物の収益性とかとはあまり関係がありません。でも、所有者が満足できるか、自慢できるかどうかは売買価格に響くファクターなのです。

海外不動産の担当者に

さて、そろそろ私とドイツの出会いの話をしましょう。リーマンショック後に会社がリクルートグループから切り離されることになって、私は会社を辞め、小さなデベロッパーに転職しました。

しかし東日本大震災が起こり、職人や資材の不足から建築費が高騰すると、ブランド力のない会社は高く売ることができず、マンション販売の競争から撤退せざるを得なくなりました。

次に考えたのが、海外の不動産開発です。フィリピンのセブ島で土地を仕入れ、現地のパートナーを見つけてホテルを建設し、それを日本人に分譲販売するというビジネスです。私はその担当を命じられ、お客様向けのセミナーを企画するようになりました。

でも、正直言って海外不動産のことはよくわかりません。それに、お客様からはフィリピン以外の国のことも聞かれます。そこで「知りません」と言うのが嫌で、私は海外の不動産事情を視察に行くことにしました。でもサラリーマンをやりながらでは自由に海外出張することはできません。そこで子どものころからの夢だった「社長になる」ことを実現させようと、独立しました。今から4年前のことです。

最初はアジアの不動産を視察に行きました。日本から近いし、ついこの間までセブ島の物件を売っていたからです。しかし、アジアは新興国ばかりですから、商売が乱暴です。売れるとなると調子に乗って値段をつり上げるので、すぐにバブルになります。それでは安心してお客様にすすめられないと思い、先進国にターゲットを変えました。

次に視察に行ったのはアメリカです。アメリカは人口も増えているし、日本人にも馴染みが深い。そこで不動産のビジネスをやるのもおもしろいのではないかと思い、いろいろなつてを頼ってアメリカ在住の日本人で不動産関係の人を紹介してもらいました。

しかし、アメリカの不動産を日本人に売っている人たちは、不動産業出身ではない人がほとんどでした。そういう人は、ちょっと商売でつまずくと、すぐに辞めてしまうことも多く、それではお客様が不幸になるし、クレームが私たちに来てしまうので困ります。

もちろん、そんな人ばかりではないのでしょうが、たまたま私たちが高いレベルにはなかったということでしょう。

割安で手堅いドイツの不動産

ということで、なかなかいいところがないと思っているところに、北京で開かれる世界不動産展示会の存在を知りました。それは中国人に世界の不動産を売るためのイベントで、私は日本の不動産会社を引き連れて出かけて行きました。

行ってみて驚いたのは、アメリカやヨーロッパ、オーストラリアのブースがびっしりと並び、そこで本国から売りに来ているデベロッパーが盛んに商談をしていることでした。それらのブースを回ると、日本ではとても手に入らない新鮮な情報がいくらでも得られます。その中で一番気になったのが、ドイツのブースでした。

展示してあるパネルを見ると、魅力的な価格、魅力的な利回りが書かれています。これはぜひ現地に見に行くべきだと思い、「来月行くから、案内してくれるか？」と聞いたところ、ＯＫだと言います。それが私とドイツの出会いのきっかけでした。

翌月ドイツに行くと、ちゃんと彼らが待っていました。彼らはおもにロシア人相手にドイツの不動産を販売している業者で、その商売を始めて15年の経験がありました。私はようやく海外不動産を販売するパートナーが見つかったと喜び、日本のお客さんにドイツの不動産を紹介することにしました。

さっそく帰国してドイツ不動産のセミナーをやると、現地に行きたいというお客様が４人出てきました。最初ですから様子見で５００万円くらいの物件を紹介しましたが、行った人みんなが買ってくれました。

実際に物件を購入すると、いろいろなことがわかってきます。お客様もいい思いをすると次の物件を買いたいと言ってきます。そんなことを繰り返しているうちに、「ドイツはまだ割安で手堅い投資ができる」という確信が得られました。

そうして本格的にドイツ不動産投資のビジネスが始まったわけです。

第1章

こんなに違う、日本と海外の不動産投資

アジアと欧米の不動産比較

さっそく本題の「ドイツ不動産投資」のお話に入っていきたいのですが、しっかりと基礎から理解していただくためには、日本と海外での不動産の状況と不動産投資の違いについて押さえておく必要があります。

また、海外と一口に言っても、アジアと欧米では大きく違いますし、国ごと、地域ごとでもいろいろな違いがあります。

まずは日本を含めたアジアと欧米の不動産事情について、比較しながら見てみましょう。

最も大きな違いは、アジアでは日本も含めて新しい家が好まれるのに対して、ヨーロッパやアメリカの人たちは、もちろん新しい家も好きなのですが、古い家を手入れしながら長く使っていくというのが当たり前という考え方があります。

なぜその違いがあるのかというと、ヨーロッパでは18世紀にイギリスで産業革命が起きて、19世紀にはドイツにも広がり、それから石造りの堅固な建物が普及しました。そして、それからは築100年ものの家も、基本的には今の家と作りが変わっていません。

もちろん、今の家のほうが気密性に優れているとかで快適ですが、天井の高さや部屋の広さなどは変わっていません。ヨーロッパではかなり前から窓に複層ガラスを採用していましたし。

つまり、ヨーロッパでは古くからクオリティが高い住宅が作られていたということです。その理由は、中世のお城などの何百年も使える建物が見本として存在していたことと、湿度と気温の低い気候、地震の少なさでしょう。

何より、ヨーロッパの多くの国は日本より緯度が高いため、冬になると夜が長く、家にいる時間が長くなります。そのため、家の中でいかに快適に過ごすかが重要な課題になります。そこで寒さをしのぐ暖かさや圧迫感のない天井高が求められたのでしょう。

ところが、日本を含むアジアは反対で、夏をいかに風通し良く過ごすかが重視されてきました。気候が温暖なので、寒いのは何とかなりますから、エアコンのない時代は暑さをいかにしのぐかが問題だったのです。

ですから、アジアの建物は雨風を防ぐと同時に、風通しが良く、湿気をいかに逃がすかを工夫された作りになっています。一般の人々の住宅は予算に限りがありますので、耐久性に難があり、100年も使い続けるようには作られていません。そのような住宅事情で長く暮らしてきたアジアの人たちは、古い建物を大事に使うより、古くなったら壊して建て直すという文化を築いてきました。

つまり、日本を含むアジアと欧米の不動産に対する感覚を比較すると、アジアは古いものを嫌がり新しいものを求める傾向が強いのに対して、欧米はそれほど古いものを嫌がらないという傾向があることがわかります。これは不動産投資を考えるときに、最初に意識しておくべきポイントです。

新旧の差が激しいアジアの建物

さらに、アジアには特有の事情があります。それは、日本を先頭にして急速に西欧化が進んだということです。たとえば日本を見てみると、1960年代からアパート、マンションが登場し、エアコンの普及とあいまって、住宅がどんどん洋式に変わっていきました。トイレは和式から洋式に変わり、今では和式便器は少数派です。

それに加えて、これは日本独自の現象ですが、地震国ならではの「耐震基準」というものが導入されました。大きな改正が行われたのは1981年で、それ以前の「旧耐震」と呼ばれる基準が「震度5強まで倒壊しない」というものだったのが、「震度7まで倒壊しない」というように厳しくなりました。

たとえば震度7の地震がきたとき、1981年以降の建物はヒビが入るかも知れませんが、建物は潰れたりしません。しかし、それ以前の建物は倒壊する可能性があります。万が一のリスクを考えたとき、この差は大きいはずです。当然、自分と家族の安全を考えた場合、1981年以前で耐震補強していない建物を選ぶ人は少なくなりますね。

急速な西洋化が進行したために、アジアの建物は年々品質が上がることになりました。私が35年前にマンション業界に入ったときは、まだ床はカーペット敷きが普通で、今のようなフローリング全盛ではありませんでした。そして廊下と部屋との間には段差があるのが当たり前で、「バリアフリー」などという考えも普及していませんでした。

それが今のような近代的な住宅になったのは、マンションメーカーが差別化して商売に勝ち残ろうとしたからで、当然のことながら違いを大きく宣伝し、お客様の「古いものはダメ、新しいものがいい」という考えを助長したのです。

実際、私が入社して少し経ったころにフラットフロアが登場し、床もフローリングに変わっていきました。すると、カーペット敷きで段差のあるマンションは「古い」ということになり、売れなくなりました。

ただし、日本のマンションの近代化は、今もどんどん進んでいるわけではありません。2002年に「24時間換気」が義務化になって導入されてからは、日本のマンションに基本的な変化はなく、目先の違いを大きく取り上げて宣伝しているのが実状です。

床や壁のコンクリートの厚さも、以前は10センチくらいが標準的でしたが、今は20センチが基本です。昔はカーペット敷きだったので音の問題があまり表面化しなかったのですが、床がフローリングになったことで騒音問題が住宅選びの重要項目に浮上してきたのです。

しかし、コストの問題があるので20センチの床が30センチになることはあまり考えられません。ということで、これまで日進月歩で変わってきた日本の集合住宅ですが、2002年以降のものはほとんど同じです。これは不動産業界では画期的なことで、以前は築5年の差は大きかったのですが、今では「2002年以降のものならほとんど同じ」と考えることができるようになりました。つまり、ついに日本の集合住宅が欧米に追いついたということです。

ただし、日本はアジアのトップランナーですから、他のアジアの国々ではまだまだ年ごとの陳腐化が激しく見られます。たとえば中国では、築10年の建物がもう築40年くらいに見えるほどボロボロです。バルコニーの手すりの塗装が剥げたり、外壁が一部崩落していたりしているのも多く見かけます。

他の国でも事情は似たり寄ったりで、タイに行くと築15年ものは「誰が買うの？」と思うほどボロボロです。ミャンマーはカビがひどくて、築3年でもう真っ黒になるものもあります。とにかくアジアは古いものと新しいものの差が見た目で大きいんですね。

これから言えるのは、対アジアの不動産投資は非常に難しいということです。経年劣化が激しい上に、アジアは人口が過剰ですから、国策で新築住宅を買いやすくしています。大きなデベロッパーがいろいろな補助金を受けたり、新築を買うときの税制が優遇されたりしているため、みんな新築に流れます。

そういう流れの中で中長期の保有が前提となる不動産投資で利益を上げるというのは、プロでもなかなか難しいことです。すでにタイやミャンマーの不動産投資はヒートアップしています。割高の物件が出てきているので、今から買ったのでは利益を出すのは難しい物件も多いでしょう。

地元の人はそれをわかっていて、先に手付金だけ打ってたくさんの戸数を押さえたりしています。手付金を入れて様子を見て、儲かりそうなら買って転売し、ダメと思えば手付金を捨てる。現地にいて地元の事情を熟知している人がそういう商売をしているのですから、そこに日本人が入り込む余地は少ないでしょう。

なぜアメリカの不動産が「節税」になるのか

ところで、みなさんは海外不動産をおすすめしている業者から「節税になる」という説明を受けたことはないでしょうか。とくにアメリカの物件でその表現がよく見られます。

それは欧米と日本で減価償却の考え方が異なるところから生まれたものです。欧米ではたとえ木造の住宅であっても、長く使うということが前提にあります。日本の減価償却は、定められた年数を過ぎると価値がゼロになりますが、欧米では売買が行われるたびにその年数がリセットされます。中古住宅でも持ち主が変われば、また新築の状態から減価償却が始まるわけです。

そこを巧みに使って節税をしようというのが、今日本で流行している節税目的の海外不動産投資です。たとえば「アメリカの木造住宅で築年数の古いものを買うと、減価償却が早くできて得」といったセールスです。

ただし、「節税」の名目に騙されて、いい加減な物件を買わされているケースも多いようです。「儲からなくても、節税になるからいいや」とオーナーも納得させられてしまうわけです。

ある程度以上の所得のある人にとって、「節税」という言葉は甘い響きに感じられるようです。儲かってしまった人が合法的に節税しようと思うと、できることは限られています。

海外の不動産は値段が基本的に下がりません。日本の税制の考え方は、古くなったら建物の価値は下がるというものですから、それをアメリカの建物に適用すると、価値が下がっていないのに税金が下がります。

ただし、これは税金を後送りしていることで、物件を一定期間で売ったら、後で税金を払わなければなりません。6年以上個人で持っている人には2割の分離課税になりますので、それ以上税金を払っている人は得になります。

たとえば年間30％以上の所得税を払っている人は得です。それは年収がだいたい3000万円くらいの人ですね。したがって、年収1000万円くらいの人は、「節税」という言葉にあまり反応する必要はありません。

税金を重く感じている人は、つい「節税」という言葉に惹き付けられてしまいますが、購入する前に、じっくりとシミュレーションをしてみることをおすすめします。

節税商品を扱っている人たちは、「節税」という言葉でお客様の目をくらませ、割高な商品や将来性の感じられない商品を売ろうとします。「海外不動産投資」と「節税」というキーワードが出てきたら、目利きのできる人にしっかり見てもらうことが大事です。

海外不動産を相談できる人がいない

ところが、日本ではニュートラルな立場で海外不動産を相談できる人がなかなか見つかりません。それでなくても不動産の世界は売り手と買い手の情報力に圧倒的な差がありま す。売る人がすべてのことを知っているのに、買う人はほとんど何も知らない。国内でもそうなのに、まして海外となるとその情報量の差は圧倒的になります。

しかし海外不動産に詳しい人といえば、売り手の側の人ばかり。彼らは自分の扱っているものを売りたいがために、自分のところの物件を褒めたたえ、他の物件をけなします。アメリカの物件を扱っている人は「アメリカが一番。あとはダメ」と言いますし、オーストラリアの物件を扱っている人は「オーストラリアが一番」と言います。

それは参考になる本を買っても同じで、著者のバックグラウンドでどこをすすめるかが違います。

私は海外不動産を扱うようになったとき、販売だけではなく、海外不動産のコンサルティングでメシを食っていこうと考えました。情報格差を利用して売る人ばかりの世界で、海外不動産をまじめな商いとしてアドバイスする人がいてもいいんじゃないかと思ったからです。

ただし、そのためには本気の覚悟が必要です。そして、コンサルだけでも食っていけるような仕組みを作らなければいけません。

そのために、私は「会社を急いで大きくしないこと」と「お客様からしっかりセミナー会費をいただくこと」の2点をポリシーとすることにしました。鮮度が高く、利益に直結する情報をふんだんに提供すれば、お金のあるお客様はちゃんと会費を払っていただけます。決して安いとはいえない会費を払ってでも、本当の話を聞きたいと考えるお客様は一定数存在するのです。

そうやって海外不動産投資のセミナーを繰り返し開催しているうちに、お客様から同じ質問がくるようになりました。それは、「あなたのおすすめはどこですか」というものです。その質問に対して真摯《しんし》に答えていくうちに、「今、ドイツにこういう物件がありますよ」とお答えすることが多くなりました。

自分たちが見ている中で一番いいと思っている物件を紹介すると、ドイツの特定エリアばかりになっていったわけです。

それならお客様をドイツに連れて行って、現地を見てもらおうと考えるようになり、今では年に何回か、ドイツの物件を視察するツアーを開催しています。

海外不動産に向いている人、向いていない人

あらゆることに向き不向きがあるように、海外不動産投資にも向いている人と向いていない人がいます。まず大前提になるのが、「いざとなったら現地に行けるか」です。はっきり言って、「現地に行こう」という気概がない人は、別の投資を考えたほうがいいでしょう。そのために、私は現地見学ツアーに行く人を中心に物件をおすすめしています。

現地に行かないで高い買い物をしようと思うと、悪い人がいた場合にいいようにやられてしまいます。世界中どこにでも「儲けてやろう」という人はいますから、現地に行かない人は明らかに不利になります。

「外国語ができなければダメか」とよく聞かれますが、言葉は別にできなくてもかまいません。必要に応じて通訳を雇えばいいからです。それより大事なのは、その国に興味が

あるかどうかです。私は、興味がなかったらやめたほうがいいと思っています。興味がある人は、誘うとすぐ現地に行きます。そして向こうに着くとテンションが上がり、さらに深いところまで知ろうとします。投資のためにはそれが重要です。

おもしろいのは、ヨーロッパが好きな人とアメリカが好きな人はかぶらないことです。だいたいどちらかですね。これは日本国内でいうと、たとえば大阪が好きな人と京都が好きな人がかぶらないのに似ていると思います。

私自身は、地域として好きなのはヨーロッパですが、不動産ビジネスの興味では断然アメリカです。なぜかというと、ヨーロッパは安定していて急成長することがまずないからです。アメリカはその点、開発が絡むと大化けが期待できます。数億円の投資資金があるならアメリカ、数千万円の資金ならヨーロッパで安定したインカムを得るという感じでしょうか。

もっとも、「数年間で倍」のようなことを狙うのはプロの話で、みなさんは放っておいて安心できる不動産投資を行うべきです。本業が別にある人が資産運用をする場合、買った次の日からドキドキするというのは間違っていると思います。

とくに不動産は売りたくてもその日に売れるものではありません。海外であるか国内であるかに関係なく、細かいことは気にせず大局的に眺めて、あまり欲を出しすぎないのが不動産投資で成功するコツです。

逆に言えば、不動産投資に向いている人というのは、それがストレスなくできる人だと思います。「まあ、こんなもんだね」と原理原則の枠の中で納得できること。利回りの数字に目を奪われることなく、信頼できる人のアドバイスを信じて投資できること。そのあたりが不動産投資に向いている資質でしょう。

よく、二言目には「利回りは何%ですか?」「それは低いですね。○○は10%でしたよ」などと、利回りの数字にばかりとらわれている人がいますが、そういう人は大損します。

目先の数字に目を奪われて、変な物件を買ってしまうからです。

常識を超えて高い利回りには、たいてい理由があります。最初に設定した家賃が高すぎたなどです。すると、年月とともに家賃を下げざるを得なくなりますから、利回りは急速に下がります。また、そういう物件ほど売りにくかったりします。一定期間インカムゲインを得たら、あとは売却してキャピタルゲインを得るというのが不動産投資ですが、思った値段で売れないと、いくら最初の利回りが高くてもトータルでは損をします。

不動産投資で一番やってはいけないことは、買った値段より大幅に値下げしなければ売れない物件を買うことです。最後に大きく値を下げるということは、それまでの儲けが吹き飛ぶことを意味します。そうなったら、「何のために買ったのか」ということになります。

逆に一番いいのは、何もしなくても値上がりする物件を買うことです。工夫する必要もなく、心の安らぎが得られ、お金も安定的に入ってくる。売ったらこのくらいの値段で売れるだろうから、焦らずに置いておこうかと。

そうするコツは、とにかく安いときに買うことです。それが一番です。これはプロでも素人でも一緒です。

安いときに買うには、世界中を見渡して「今ここが安いね」という場所を探すことです。そういう場所が世界のどこかに必ずあります。そして候補を見つけたら、最後は丼勘定で決断です。不動産投資に向いている人は、細かいところは細かくても、勝負をかけるべきところでは「行け」と決断できる人です。

そのためには、ある程度資金に余裕がある必要があります。言い方が失礼だったら申し訳ありませんが、そもそもお金がない人は不動産投資なんてやるものではないのです。とくにアメリカやヨーロッパでは、頭金が半分くらいないとお金を貸してくれないので、自己資金が絶対に必要です。

逆にこれは日本が異常なのですが、フルローンのマンション投資なんて、世界的に見たらナンセンスです。そして、不動産投資の悲劇の多くが、過剰融資から起きています。「儲からないな」と思ったら、現物を処分して借金をゼロにできることが、投資では大前提だと思います。

なぜ日本がそうなっているのかというと、低成長下でお金が余っているため、銀行が貸したくてしかたないからです。確かに、買ったものの価値が下がらなければ借金で投資をするというのはあり得ますが、買ったものの価値が下がって売らなくてはならなくなったとき、借金だけが残るということが往々にして起こり得ます。これは悲惨です。

第2章

なぜドイツの不動産投資がいいのか

世界の経済大国を上から見ると

さて、いよいよ本題に入ってきました。

なぜドイツの不動産投資がいいのか。まずその理由を列挙してみたいと思います。

前章で、日本と海外の不動産投資に対する考えの違いを述べるとともに、一口に海外不動産といってもいろいろあるということをお伝えしました。

その中で、不動産投資のリスクを少しでも下げるためには、先進国がいいことを指摘しました。発展途上国は急成長の望みはあるものの、政治と経済にそれぞれ大きなリスクを抱えています。

では先進国ならどこがいいのか。手っ取り早く、世界の経済大国をＧＤＰの順に上から見てみましょう。1位はもちろんアメリカで、2位は中国、3位が日本で4位がドイツ。中国はさすがに不動産投資に適した国とは言えませんから、考えるならアメリカかドイツということになります。

前述したように私はかつてアメリカの不動産投資を研究したことがありましたが、いい出会いが得られずに諦めました。その後、ドイツの不動産販売をしている人たちと出会い、ドイツに視察に行くようになったのですが、その過程でドイツの不動産投資が有望であることを知ったのです。日本人がまだあまり注目していない「盲点」だったわけですね。

ではGDP第5位のイギリスと第6位のフランスはどうか。こと不動産に関しては両国は似ています。日本と同じ一極集中なのです。イギリスはロンドン、フランスはパリ。この二大都市に人口が集中していて、あとは田舎。そしてロンドンもパリも高すぎて日本人が不動産投資をするのに向いていません。イギリス人でさえ、ロンドンの家賃が高すぎて住むことができず、他の都市に移住しているほどです。それはパリも同様です。

こうして見ていくと、世界の経済大国で不動産投資に向いているのはドイツが一番と言えるかもしれません。

ドイツ不動産投資のメリット

それでは、私がこれまでに感じたドイツの不動産投資のメリットを列挙してみましょう。

①政治的・経済的に安定した先進国である
②巨大都市がなく一極集中していない
③人口が増加しており、慢性的に家不足である
④不動産市場が安定しており、ゆったりとした右肩上がりである
⑤中国人に不動産市場が荒らされていない
⑥法制度が完備しており、外国人でも安心して投資ができる
⑦いろいろな慣習が日本人の感性に合いやすい
⑧価格の8割以上が建物の価値なので減価償却に有利（エリアによる差はある）

まず①の「政治的・経済的に安定した先進国である」ですが、これに異論のある人はいないでしょう。イギリスがEUからの脱退を決めた今、EUの実質的なリーダーはドイツです。

②の「巨大都市がなく一極集中していない」というのは、「言われてみればそうかも」と思う人が多いのではないでしょうか。ドイツの大都市といえばベルリンですが、人口は360万人ほど。横浜市と同じくらいの規模といえます。そしてドイツ二番目の都市はハンブルクで人口は170万人。規模は札幌市と福岡市の間になります。前述したようにイギリスやフランスは日本と同じくひとつの都市に人口が集中していますが、ドイツは中核都市が分散しているのです。このため、賃貸経営に向いた環境がたくさんあります。

③の「人口が増加しており、慢性的に家不足である」という状況は、不動産投資においては大前提です。家不足ということは賃貸経営における空室率の少なさを意味します。人口増加は将来売却するときに値上がりしている可能性が大きいことを示します。それは④

の「不動産市場が安定しており、ゆったりとした右肩上がりである」ことと同様です。

⑤の「中国人に不動産市場が荒らされていない」については、少し説明が必要かもしれません。経済成長で富を手にした中国人は、将来移住することを考えて海外の土地を買いあさっています。とくにカナダ、アメリカ、オーストラリア、ニュージーランドあたりがターゲットになっています。彼らが注目するのは、一定金額以上の不動産を買うことで永住権が手に入りやすくなるかどうか。そういう政策をとっている国にはチャイナマネーが集まり、不動産市場が高騰します。

しかし、ドイツはそのような政策は採用していません。移民も難民もある程度受け入れ、そのために人口が増加していますが、不動産を買えば永住権を与えるということはないため、中国人は投資目的以外ではドイツの不動産を買いません。そのために、市場が安定しているのです。

⑥は海外不動産投資における絶対条件です。せっかく買った土地の権利が法律で保護さ

れなければ怖くて投資などできませんし、妙なトラブルに巻き込まれるのも困ります。また、法制度があまりにも日本と食い違っていると、感覚がずれているためにゼロから勉強しなければならず、大変です。

その点、ドイツの不動産をめぐる法律や商慣習は、日本と大きな違いがないために比較的楽です。もちろん、日本でも不動産投資をしたことのない人がいきなりドイツでやるというのはおすすめしませんが、日本で経験のある人が海外で不動産投資をするなら、感性の近いドイツがいいでしょう。それは⑦の「いろいろな慣習が日本人の感性に合いやすい」についても言えることです。

⑧は、節税を考えている人には大事なポイントです。日本にいると、つい日本の不動産の「土地価格が大部分」という常識で考えてしまいますが、ドイツをはじめアメリカなどでは土地が安く、建物の価値が比較的大きいのです。これは忘れないでおきましょう。

さらにプラス材料を挙げると、ドイツの建物（石造り、築38年超の場合）は、7年償却と償却期間が短くなっていることがあります。そして個人名義の方は保有期間が10年を超えてから売却した場合、ドイツでのキャピタルゲイン課税がゼロとなるメリットもあります。

また、現地の金融機関でファイナンスが可能であり、借入可能額は物件価格の40～50％、金利は2・8％程度です。

ドイツ不動産物件の特徴

ドイツの不動産物件で日本と一番大きく違うのは、一部の高級住宅を除き、キッチンが基本的に入居者の持ち込みである点です。はじめから備え付けられているのはバスタブくらいで、家具や家電製品はもちろんのこと、レンジや流し、戸棚などのキッチン回りは何もありません。

すべて入居者が自分で必要なものを揃えて持ち込むため、引っ越して出て行くときもそれらを取り外して持っていきます。

逆にいえば、それが面倒なのでなかなか引っ越さないという側面もあるかもしれません。

また、入居者が内装を自由に変えるところも、日本とは違います。もともと壁紙などはないことが多く、壁に直にペイントする仕様になっているため、入居者が好き勝手な色に塗り替えてしまうのです。

壁の色が真っ黒やピンク、黄色といった日本ではまずお目にかかれない内装も、ドイツではわりと当たり前です。

共用空間を入居者が自由に使うのもドイツならではで、中庭でバーベキューをしたり、地下室に私物を置いたりするのは日常茶飯事。そのため、物件購入時は地下室などがかび臭くないか、よく清掃されているかをチェックする必要があります。

ドイツは全般的に持ち家率が低い

メリットの③でも挙げたように、ドイツは今、家不足です。移民や難民の受け入れで人口が増加基調になったため、年間に20万戸の家が不足していると言われています。

そして、ドイツは持ち家率が低く、国全体で45％程度です。これは東京都と同じくらいの数字です。持ち家が45％ということは、半数以上の人が借家住まいをしているわけで、それはドイツの賃貸物件が慢性的に不足していることを意味します。

賃借人がいっぱいいるということは賃貸需要が貸し手市場である、すなわち不動産投資に向いているということになります。ほどほどの条件の物件を保有していれば、誰でも賃貸経営がうまくいくというわけです。

貸し手市場なら家賃が高騰するのではないかと思われるかもしれませんが、実際はそうなっていません。ドイツの家賃は一気に値上げしにくい市場です。

その理由は、ドイツには賃貸契約の更新という制度がなく、一度借りたら出るまで家賃は据え置きというのが常識だからです。また、日本のように新築物件にのみ人気が集まるということもありません。新築で家賃が高いのなら、築100年のほどほどの家賃のところに住むというのがドイツの借家人の考え方です。

そして、更新がないために長く住む人が多いのもドイツの特徴です。前述のように多くの場合、キッチンセットを含めて家具は借り主が引っ越しの時に持ち込むので、一度住んだら簡単には引っ越しません。引っ越すたびに流し台やコンロに家電製品、家具を運び出すのは大変ですから。したがって長く住んでもらって安定的で手堅い不動産経営ができるわけです。

逆に言えば、家賃を上げるなら借家人が出て行った時が唯一のチャンスです。そのような面が、性格的に穏やかな人の多い日本人投資家に受けています。アメリカのように毎年更新で家賃をガンガン上げていくような野心的な経営は、日本人にはあまり向かないと私たちは考えています。

おすすめの地域はＮＲＷ州

「ドイツの不動産投資はすごくいい」と言っても、ドイツ全土が不動産投資に向いているわけではありません。ベルリンの壁崩壊以来注目されている東ドイツは、急速な発展と地価の安さからブームになりましたが、不動産のプロならいざ知らず、素人は乱高下する市場に簡単に手を出すべきではありません。

また、ベルリン市内も物件が高すぎて、基本的には手が出しづらいでしょう。ドイツの不動産投資に慣れていないうちに、いきなり何億円もの物件を買うのは、ちょっと怖いのではないでしょうか。

素人の方が安心して不動産投資するためには、市場が穏やかな右肩上がりで安定していて需要が高く、ブームになっていないところが向いています。ではドイツのどこにそういう地域があるのかというと、西ドイツ時代の首都であったボンや日本人がたくさん住んでいることで知られるデュッセルドルフ、サッカーで知られるドルトムントなどの都市があるノルトライン・ヴェストファーレン（ＮＲＷ）州というところです。

ここは州の人口としてはドイツで一番人が多く住んでいる場所で、一番大きな都市はケルンで、人口は１０８万人。日本の仙台市と同じ人口です。二番目はデュッセルドルフで人口は61万人。鹿児島市くらいの規模です。以下、ドルトムント、エッセン、デュースブルグと50万都市が続き、この州の都市はドイツのベスト30の中に13も入っています。人口10万人以上の都市は29もあります。

州全体の人口は１８００万人で、ドイツ全体の23％、人口密度は日本よりも高くなっています。

このエリアはもともと重工業地域で、かつては炭鉱などが栄えていましたが、日本のそ

ドイツ全体地図

のような地域と同じく１９８０年ころに没落しました。その後、産業構造の変化にともなって再浮上し、今ではＩＴ系などのサービス産業が勢力を伸ばしています。

その結果、ＮＲＷ州のＧＤＰは２０１２年に５８２１億ユーロとドイツ全体の22％に達しました。これはドイツの16州の中でもトップの数字

ノルトライン=ヴェストファーレン地図

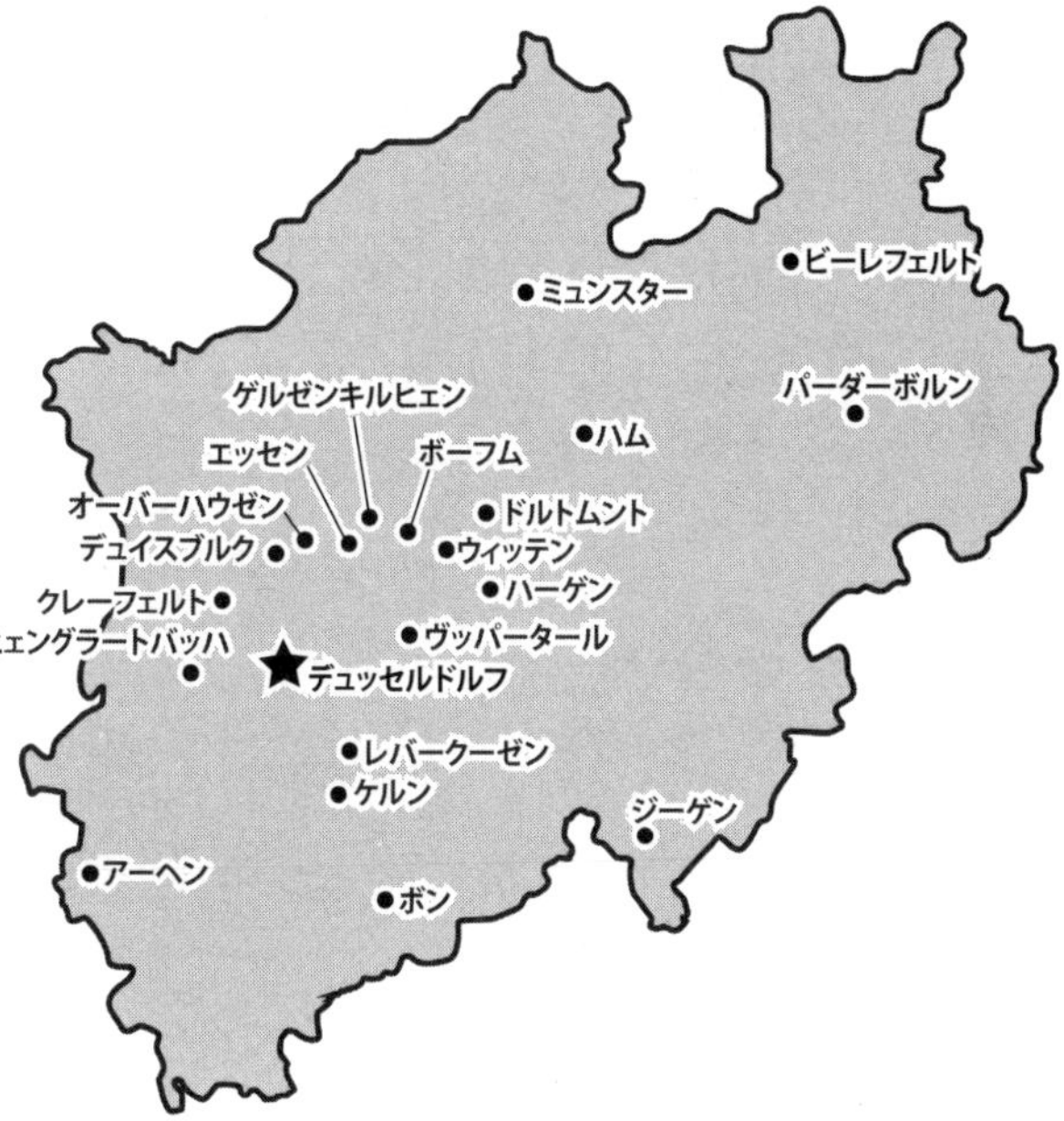

で、世界ランキングでも18位。トルコの一つ上に位置しています。

つまり、NRW州は人がいて仕事のある、一極集中でないエリアと言えます。一極集中でないため不動産価格が高騰せず、住宅は不足しているので賃料は値下がりしないし空室も少ない。要するに賃貸経営に適した条件が揃っているのです。

さらにＮＲＷ州には、個人投資家に向いた中古物件がたくさんあります。人がいて仕事はあっても、高度に人口の集中する大都会ではないため、新築物件を建ててもなかなか採算が合いません。そのため築１００年の中古物件でもほぼ満室状態で、実際に見に行っても20戸に1戸くらいしか空室を見ることはできません。そして、空室になってもすぐに埋まってしまうため、大家さんが空室対策を考える必要はあまりありません。

10年くらい保有して家賃収入を得て、値上がりしていたら売却して次を買うというような、のんびりゆったりした不動産投資をしたい人には、このエリアの中古物件がおすすめです。

不動産売買契約は厳格

よく質問されるのが「ドイツの不動産を買って賃貸経営をするのにドイツ語は必要か」ということです。私たちの答えは、「できるならそれに越したことはありませんが、必須ではありません」です。

あらゆる外国で、現地の言葉ができたほうがいいのは当たり前です。しかしドイツは先進国で、日本と同じ敗戦国ですから、それなりに英語が通じます。英語もできなければ、通訳を雇うなり、翻訳を頼むなりすればいいだけです。

私たちの売っているエリアでは、英語が話せる不動産関係者はかなり多いです。契約書の原本はドイツ語ですが、私たちがサービスとして英語に直しています。必要があれば有料ですが日本語にもします。

もっとも契約書の雛形が日本語、英語で揃っているので、それを見ればかなり理解できるはずです。そしてドイツは法律や手続きがしっかりしているので、ポイントさえ押さえておけば困ることはありません。

ドイツの不動産契約は公証人という資格を持った人が仕切ります。この人が売買契約書を作成し、日本でいう重要事項説明のような契約書の読み合わせは、その人がやります。売主と買主に対して「いいですか、嘘をついていませんか、約束を守れますか」と、ひとつひとつの項目についてＯＫを求められるので、契約するまでに2時間くらいかかります。

この時はドイツ語を英語に通訳できる人を雇うか、公証人に英語を話してもらうかしまか。ただし、契約の場では通訳も一緒にサインさせられます。通訳がいい加減だったためにトラブルになることを防ぐためです。

このように、契約がものすごく厳格です。基本的には本人がドイツで契約書にサインをしなければならず、代理人を立てる場合は、あらかじめ公証人が作った委任状にパスポート提示の上でサインし、署名の権限委譲をしなければなりません。日本にいながら売買契約をする場合は、日本の公証人役場に本人が行って、ドイツ語の委任状にサインしたものに公証人がハンコを押し、外務省のアポスティーユ認証を受けた上でそれをドイツに送る必要があります。とても面倒なので、ドイツに行きたくない人は、ドイツの不動産を買わないほうがいいかもしれません。

日本とドイツで違うのは、ドイツではすべての条件が整わないと契約ができないというところです。たとえばローンの承認が下りていない段階では、本契約をすることはできません。したがって日本でいうところの「ローン特約付き契約」というものは存在しません。

理想は10年所有してからの売却

NRW州で中古物件を購入しての不動産投資では、10年ほど所有してそれから売却を考えるパターンをおすすめしています。その理由は、築数十年の物件は10年経ってもほとんど減損しないため、しっかり家賃収入を得てからどうするかを考えることができるからです。

日本の物件だと、10年間保有して賃貸収入が同じということはまず考えられませんし、日本では退去リフォームやリノベーション、大規模修繕など、たびたびリフォームを考えなければなりません。しかしドイツでは家賃は下がりませんし、壁紙などを使うことが少ないので、日本的なリフォームもあまり考える必要はありません。私たちの取り扱う物件は必要なメンテナンスを済ませているものが多く、キッチンは前述の通りテナント持ち込みのため、壁の塗装、床の張り替えと室内クリーニング程度での引き渡しもよくあります（ドイツには古い物件が多いので、瑕疵《かし》担保責任という日本の不動産業で常識になっている考えがないことも頭に入れておく必要があります）。

必要なメンテナンスを済ませている物件が多く、キッチンは前述の通りテナント持ち込みのため、壁の塗装、床の張り替えと室内クリーニング程度での引き渡しもよくあります。

そしてドイツで不動産投資をするときには、10年以上不動産を保有していると大きなメリットがあります。それは、個人名義で10年以上持っていた場合、ドイツでのキャピタルゲイン税がゼロになることです。これはぜひとも覚えておきたいポイントです。

これらの点から、私たちはドイツで不動産を買うなら10年くらい持っているつもりでいることをおすすめしています。実際、長期所有のつもりでいるほうが買主も安心できるでしょう。売ったり買ったりすればそのつど経費がかかります。

ただし、これは世界情勢が大きく変わらないことが前提の提案です。未来は何があるかわかりませんから。ただし、それでも先進国なら持ち続けていれば何とかなります。売るタイミングでないときは賃貸収入を取りながら時期を待てばいいのです。そのように柔軟に戦略を切り替えるためにも、物件選びは人口が減らなそうな場所、人が集まってきそうな場所に注目するべきなのです。

市川流ドイツ不動産投資成功術

ではこの章をしめくくるにあたって、私が会得したドイツ不動産投資成功のポイントをお教えしましょう。最も重要なことは、

値上がりしそうな良い場所の物件を狙う

というものです。少なくとも10年間は値下りしない不動産を選ぶことを肝に銘じるべき

です。例を挙げて説明しましょう。

5年〜10年で1・5倍に値が上がりそうな物件

そのエリアの一番物件がすでに高い値を付けていて、価格が下がらないと見たとき、その価格と比較して1・5倍に賃料が上がりそうな物件なら、同じ利回りで売却できるはずです。基本は需要が供給を上回っていることで、その状態が一番安全です。

その物件が地元の富裕層が将来買うような広いタイプであるならマル。基本は物件選びで決まります。もしも供給過多の様子が見えたなら、手を引きましょう。

第3章

私がおすすめする投資スタイルはこれだ

なぜ海外不動産をすすめるのか

私が海外不動産投資を紹介しているからといって、日本国内の不動産投資がダメで、必ず海外でやるべきだと主張していると誤解する人がいますが、そんなことはありません。よほど国内の不動産市場が良くない状況にあるならともかく、地面に貼り付いた不動産という存在を扱うなら、勝手のよくわかった自国の市場が一番です。地元の有利さのことを「ローカルアドバンテージ」と言いますが、不動産投資のローカルアドバンテージは次のようなものです。

・物件の近くに住んでいて、自分で管理やリフォームができる
・日本国内の大家コミュニティから失敗談含めて豊富な情報を得られる
・日本国内で収入があれば国内金融機関からの融資が有利になる
・日本の賃貸契約や商慣習をよく知っている
・関係者と母国語でやりとりができる

海外不動産投資のデメリットは、その裏返しになります。

・物件の近くにいないので自分で管理やリフォームができない
・大家コミュニティとのコミュニケーションが期待できない
・現地金融機関との取引が困難
・現地の賃貸契約や商慣習がよくわからない
・関係者との言葉のやり取りが不便

そのために投資の難易度は明らかに日本国内よりも高くなります。そして、情報収集や判断、現地とのやり取りなどにスキルが必要です。

では、なぜそれなのに私たちは海外不動産投資をおすすめしているのでしょうか。それは、次のようなメリットがあるからです。

・分散投資によるリスクヘッジ
・節税
・長期的な資産形成
・視野と知見が広がる

最初の3点についてはいろいろな人が力説していますから後に置くとして、ここでは4番目の「視野と知見が広がる」に注目したいと思います。

実際にいろいろな国に出かけて行って、不動産市場を詳しく見てくると、つくづく「海外には日本と違うタイプの多様な不動産投資チャンスがあるんだなあ」と思わされます。そして、出かけて行って視野と知見を広げるにつれて、気づくチャンスがどんどん増えていくのです。日本に閉じこもっていては決して気づかなかったビジネスチャンス。それらがあちこちにあることを知るだけで、海外に出て良かったと思います。

これから、ますます経済のグローバル化が進み、日本だけで完結するビジネスが成り立たなくなっていくでしょう。生き残っていくためには世界的視野がどうしても必要になります。それは不動産の世界でも同じことで、日本の不動産投資で成功するためにも、世界の不動産を知ることが必要になるはずです。

海外不動産の知識をどこで得ればいいのか

日本国内で不動産投資をするのであれば、オーナー視点での賢い買い方を学ぶ方法はいくらでもあります。全国に「大家さんの会」が存在しますし、メンターとなってくれる人たちもたくさんいます。

しかし、国内の不動産投資よりもずっとハードルの高い海外不動産については、そのような情報源が見当たりません。いわゆる「海外不動産セミナー」はたくさんありますが、それらはすべて業者視点の販売セミナーです。

その中に良心的な業者や個人がいたとしても、「〇〇国〇〇州」での賢い投資法を教えてくれるだけで、全世界の不動産の買い方を教えたり、複数の国や都市の不動産を複眼的に比較できるような視野の持ち主は存在しません。

そこで私は2017年に副社長の鈴木学と一緒に株式会社国際不動産エージェントを興し、国際不動産の買い方を体型的に学べる場を自分たちの手でつくろうと考えたのです。

株式会社国際不動産エージェント（IPA）の企業・活動理念は次のようになっています。

（1）日本の個人投資家や企業様に対し、世界中の不動産投資・事業機会をプロの目で精選してご紹介し、パートナーとして共に利益を追求します

（2）世界の不動産市場や投資手法を研究、知見を情報発信することにより、日本全体の国際不動産投資リテラシーの向上に寄与します。

理念にもあるように、私たちの活動フィールドは全世界であって、特定の国やエリアに限定されたものではありません。本書で私たちがドイツNRW州の不動産投資をおすすめしているからといって、私たちがドイツ専門業者というわけではありません。

あくまでも、今の現状で日本の投資家におすすめできる海外不動産がドイツＮＲＷ州であるというだけです。

そんな私たちは、セミナーやポッドキャスト、ビデオ教材など各種のメディアを使って、日本マーケット向けに不動産投資リテラシーを高める教育を行っています。

また、私たちのサイト（http://ipag.jp/）でも豊富なコンテンツを発信しており、メニューの「各国不動産」からは世界32カ国の不動産情報を無料で読むことができます。同じくメニューの「コラム」からは、国際不動産の基本、融資と税金、管理などを体型的に学べるように整理した情報を用意しています。

海外不動産投資の不思議

海外不動産投資の情報を広める活動をしていると、いろいろな「不思議」に出会います。たとえば、日本でなら常識と思える判断が海外物件ではできない場合。具体的な例を挙げると、東京都心の利回り5％物件と、千葉市の利回り5％物件を同じレベルだと思う人は、少なくとも日本の不動産投資を理解している人の中にはいないでしょう。通常は前者は「買い」、後者は「見送り」と判断するはずです。

ところが、その同じ人がカナダのトロントやオーストラリアのメルボルンの都心地域で5％の利回りが出る物件を「利回りが低い」と簡単にスルーし、イギリスで千葉市よりも田舎の8％保証付き物件に飛びついてしまうのです。

なぜなのでしょうか。海外物件だということで、せっかく培った不動産知識にフィルターがかかってしまうからでしょうか。この例からわかるのは、海外不動産投資のためには、日本の不動産投資の知識がまず基本として備わったうえで、海外不動産のための別個の勉強もする必要があるということです。

それにしても、日本の不動産投資家はあまりにも「利回り」の数字に振り回されすぎます。確かに利回りは儲けの指標として大事ですが、その数字がどこから出てきているかもチェックしなければなりません。利回りに目がくらんで大損をしてしまった人は、国内、海外問わずたくさんいます。

利回りが高いということは、反面「元の価格が異様に安い」ということでもあります。その場合、家賃は取れても売却益が出ないということにもなりかねません。何かの理由で物件の値段が水準以上に安いから、物件の価格に比べて家賃が高くなり、その結果として高利回りになることがたくさんあるのです。

そのへんを冷静に見つめるためには、まず日本の不動産常識を捨てて、世界の不動産常識を身につける必要があるでしょう。

私の知る限り「日本の常識は世界の非常識」と言うべきことがたくさんあり、それが海外不動産投資をやりにくくしている面が多々あるのです。

日本の常識は世界の非常識

日本は先進国の中で、かなり特殊な不動産の業界構造と融資慣行を抱えています。その特殊な部分を簡単にまとめると、次のようになります。

【建てすぎ】

新築住宅が需要を超えて供給される状態が何十年間も恒常的に続いており、誰も総量を管理していません。

【壊しすぎ】

新築住宅がたくさん売れるようにするために、建物としてまだ使用価値のある中古住宅が人為的に価値を下げられ、スクラップ&ビルドを促進しています。

【貸しすぎ】

日本は建物の価値が経年ごとに下がる仕組みになっているため、銀行は土地に対してしか担保がつけられません。それでは担保力が不足してしまうので、借り手の属性に対して融資する慣行が成立しています。その結果、リコースローン、連帯保証人制度という先進国中でも独特な仕組みが発達しました。

そのような日本不動産界の特殊な構造を背景にして、バブル期以降の経済低成長の現実の中で育まれた不動産投資の常識は、日本国内でこそ通用しますが、世界的に見ればかなり非常識なものとなっています。

その一つめは、「賃料低下」と「物件価値下落」が不動産投資の大前提となっていることです。アジア人に共通した日本人の新築志向と新築物件の供給過剰により、新築から年数が経った物件は競争力が落ちて賃料が下がります。それに加えてスクラップ&ビルドで建物が減価する分だけ、物件価値も経年とともに下がります。そのことが、「年数が経てば賃料が下がるのは当たり前」「年数が経った物件は価値が下がって当たり前」という日本だけの常識を生んでいるのです。

二つめの非常識は、日本の不動産投資が圧倒的にインカムゲイン志向であり、キャピタルゲイン狙いが非常に少ないという点です。なぜそうなるかというと、物件価値が経年とともに下がるため、その下落速度以上に賃貸家賃の取れる物件が投資家から好まれるようになったためです。たとえば一棟アパートのような物件に人気が集まるのは、インカムゲイン重視、利回り重視の結果です。

そのような、値上がり益が望めず、インカムゲインしか取れない不動産投資が成り立つ前提になっているのが三つめの非常識で、「驚くほど緩い日本の融資」です。勤め人でもフルローンで物件が購入でき、年利2％以下の低金利で資金調達が可能です。そのおかげで高いイールドギャップ（利回りから返済金利を引いたもの）が実現し、長期保有による賃貸経営型投資ができるのです。

日本の常識は海外では通用しない

そうした日本不動産の常識だけを持って海外不動産を買おうとすると、さまざまな失敗の可能性が生じます。その一つは、「利回り重視による危険な物件の選択」です。

海外の多くの国では高利回りの物件は競争力の低さやリスクの高さの裏返しと考えられていて、不動産投資の上級者はまず手を出しません。ところが日本人の投資家は高利回りに飛びつくので、そこを突いてくる悪徳業者がいるのです。

次に、イールドギャップ重視で海外不動産投資をしようとする人がいますが、これは海外ではまず成立しません。

前述したように、イールドギャップとは物件の利回りから返済金利を引いた数字ですが、海外では日本の金融機関のように低金利で貸してくれるところはありませんし、外国人の立場で借りるのですから、そもそも不利です。しかも、海外ではフルローンはもちろんのこと、物件価格の半分以上を融資でまかなおうとすることも困難です。

そのため、イールドギャップを活かして不動産投資をしようとする考えは、海外では捨てなければなりません。

そして日本人投資家がよく飛びついてしまうのが、「賃貸保証付き物件」。海外不動産投資の常識として、賃貸保証は競争力の低さや売却の難しさの裏返しであることを知っておきましょう。賃貸保証付きという言葉に惑わされやすい日本人に向けて、本来の価値より大幅に利益を乗せて割高な価格で販売する悪質な業者も存在するのです。

同じく日本人狙いの悪質な業者には、「節税」というキーワードで売り込んでくる者もいます。日本独特の税制を利用して快速減価償却できる中古物件を購入させようとするのですが、節税に大きく注目させて、大幅な利益を乗せて販売するという手法です。割高な価格ですから賃貸収入では赤字になりますが、「節税できるからトータルでは黒字」と言ってごまかします。でもどのくらいの節税になるのかどうかは、最終的にその物件を販売したときの課税額も加味して判断する必要があります。

減価償却については、第6章でさらにくわしく解説しますので、そちらもあわせてじっくりお読みください。

海外不動産投資の基本とは

一般に不動産投資のテーマは、次の6タイプです。

①安いタイミングで買って値上がりを取る

②賃貸に出して利回りを取る
③難あり物件をバリューアップして収益性を上げる
④民泊、シェアハウスなど運営方法を変えて収益性を上げる
⑤土地から仕込んで建物を企画・建設する
⑥自主管理、セルフリフォームなどで運営コストを下げる

①から⑥に向かうにつれて難易度が上がります。①と②は低難度、③と④が中難度、⑤と⑥が高難度です。

このうち、物件の所在地が自分の住所から遠いほど、難度の高いテーマは採用しづらくなります。とくに海外の不動産の場合は、①と②しか狙えないと考えたほうがいいでしょう。

言い換えれば、海外不動産投資では「安く買って高く売る」キャピタルゲイン狙いで儲けを出すか、「賃貸家賃を取る」インカムゲイン狙いで利益を得るかの二つしか方法があ

りません。海外不動産投資をしようと考えるのなら、まずこのことをしっかりと頭に入れる必要があるでしょう。

ちなみに、世界中の投資家がキャピタルゲインとインカムゲインを目指して不動産投資ゲームに参戦していますが、彼らのウェイトは「キャピタルゲイン＝7」「インカムゲイン＝3」が多いようです。

つまり値上がり益7、賃貸益3が世界の標準であり、日本の不動産投資のような値上がり益0、賃貸益10のような構造は異常です。

まずはこのルールをしっかり頭に置いて、素直に「キャピタルゲインの得られる物件」を探しましょう。「インカムゲインの得られること」は、キャピタルゲインの裏付けでしかありません。

したがって、高利回りに目がくらみ、その物件が将来高く売れるかどうかを見ようとしない日本人投資家は、グローバルな不動産投資の世界では勝ち目がないと言えます。

まともな海外不動産は値段が上がる

長期間の低成長に慣らされてしまった日本人投資家は、「値上がりする土地を選ぼう」とすすめると、一様に懐疑的になります。でも、「土地は値上がりしない」という固定観念は捨てましょう。

日本で土地が値上がりしないのは、物件の供給過剰、過剰融資、人口減少、経済の低迷があるからです。そういう前提のない海外では、需要のある土地の価格は必ず時間とともに値が上がるものです。もちろん、一時的な浮き沈みは相場ですから必ずありますが、長い目で見れば右肩上がりになるものです。とくに人口が増加基調にあり、経済が成長しているような国では、値上がりするのがふつうで、値下がりするのは特殊な事情がない限り考えられないでしょう。

それでは、どのような物件を選べば良いかですが、それには世界共通の考え方が適用できます。

その考え方とは、「価値の根拠がしっかりしていて、値下がりしにくい物件を選ぶこと」です。

前半の「価値の根拠」というのは、いろいろと探せると思いますが、後半の「値下がりしない」とはどういうことでしょうか。

ひとつは「安いタイミングで買う」ということです。世界中の不動産を眺めていくと、必ず割安な地域が見つかります。私たちのようなプロが見て、「お、ここはこれから値上がりするな」と思えるような場所です。実際、ドイツのNRW州はまさにそういうエリアでした。

そしてもうひとつは、同じ国内で割安な場所に投資することです。

たとえばアメリカのニューヨークとロサンゼルス、シカゴ、ダラスの4都市を比較すると、ダラスの土地が最も割安です。しかし人口増加率を見てみると、ダラスだけが12・56％と2桁成長。そのおかげで不動産価格も右肩上がりです。値上がりする根拠のある土地を安いタイミングで買うとは、そういうことです。

別な角度から「値下がりしない」物件を見てみましょう。間違いないのは、ロンドン、パリ、ニューヨークといった世界の一流都市の都心部や、サンタモニカ、ワイキキビーチなどの世界的に知名度の高い高級住宅地、高級リゾート地、歴史的価値のある場所などです。もちろん、そういった場所の物件は非常に高額ではありますが。

最後に「価値の根拠」になるものを列挙しておきますので、参考にしてみてください。

・人口増加
・経済成長
・金融環境
・需給バランス

・交通アクセス
・大規模開発
・評判の良い環境
・一般的な土地の好感度
・立地のオンリーワン性
・その他、人に選ばれる要因

ドイツの不動産をどう買うか

それでは、具体的にドイツの不動産をどう買っていくかを提案していきましょう。

まず、私がおすすめしたいのは、3000万円くらいからの投資ですが、個別的には500~600万円からの投資が可能です。

たとえば、過去に私たちが紹介して実際に売れた物件の例はこんな感じでした。

・1930年築の集合住宅の一室
・50平方メートル
・価格3万5000ユーロ（約455万円）
・利回り8％

今は8％台の利回りの物件は多くはありません。取得価格が上がってきているために、7％台がふつうです。諸経費を引いても年間25～30万円の手取りにはなるでしょう。それなりの利回りがあって、価格も安い。しかもすでに入居者がいるので、すぐに家賃が入ってきます。

ただし、利回りの高い物件はそもそもの価格が安いので、がんがん値上がりしていくようなものではありません。

どちらかというと、値下がりはしないという感じです。しっかりと家賃を取りながら、値上がりを待つような保有の仕方がいいでしょう。

私たちが「3000万円くらいの投資から始めるべき」と言っているのは、このような物件を複数保有して合計3000万円くらいにすれば、空室リスクも下げられていいのではないかと考えるからです。それに、せっかくドイツに投資しているのに、年間利益が数十万円ではつまらないでしょう。

現実に3000万円の投資をする場合は、一棟買いのほうが買いやすいかもしれません。というのは、500~600万円の1戸物件は人気があって、かなり待たなければ買えないからです。たとえば過去に売れた例では、次のような物件があります。

・1902年築
・8戸
・価格28万ユーロ（約3500万円）
・利回り7・7%

家賃収入をどうするかですが、私たちはお客様に現地の銀行口座をサービスで開設していますから、そこに家賃をユーロでプールしておくのが一般的です。それをユーロのままイギリスや香港の金融商品で運用して、必要に応じて円に替えればよろしいのではないでしょうか。

私たちは金融資産を円：ドル：ユーロで４：４：２で持つのが理想と提案しています。

１億円、２億円の商品もある

３０００万円台の物件を買って、「これはいいね」と思ったら、さらに規模を拡大することもできます。私たちが扱っている一棟ものの物件の中には、１億円のものも２億円のものもあります。

金額が大きくなる物件は、単純に戸数が増えるだけです。私たちが扱っている物件は高層ビルみたいなものではなくて中層の中古建物ですから、とくに維持費が高額になることもありません。

興味深いのは、戸数の大きな建物の場合、行政や政府機関、大企業が一括借り上げをしているケースがあることです。過去には市が借りていたり、ドイツ鉄道が社宅として借り上げていたことがありました。その場合は空室リスクがない手堅い投資が可能になります。過去の事例をひとつ紹介しておきましょう。

・1952年築
・60~70平方メートル40戸
・価格180万ユーロ（約2億4000万円）
・利回り8％

この物件は、一括借り上げではないですが、見に行ったときに40戸のうち38戸が埋まっていたことです。常時それくらいの空室率で、空いてもすぐに埋まっていきます。これなら確実に家賃収入が取れますね。

そのほかに印象深い物件は、郵便局が中に入っている建物です。ドイツの郵便局は日本と違って賃貸で間借りしているんですね。そして一般的に郵便局のある建物は立地が良くて人気が高いものです。

日本人の投資家は物件を紹介すると必ず「駐車場はあるの？」と質問しますが、私たちの紹介する物件では、駐車場のあるなしはケースバイケースで、ないことも多いです。

というのは、私たちが紹介している物件は、すべて路面電車か鉄道が通っている場所にあり、駅から徒歩圏内にあるものしか紹介していないからです。同様に、スーパーが歩いて5分くらいのところにある物件しか扱っていません。

つまり、車がなくても生活できる場所だから、駐車場の有無が問題になることはないのです。

また、これも生活習慣の違いですが、ドイツを含めてヨーロッパ全般で、路上駐車が合法的に認められている場所が多いのです。

海外不動産投資も借入を有効に使うべき

海外不動産投資が成功した場合、80％程度のお金を増やすのにはだいたい10年くらいかかります。1000万円の投資なら10年で1800万円、3000万円なら5400万円です。となると、投資金額が大きいほど利殖の効果が期待できます。

そして、海外不動産投資は日本と違って値上がり期待がメインの狙いになります。日本とは移民政策や不動産の投資環境が違うからです。しかし、日本と違うと言っても、具体的に国や都市を絞り込んで勉強すれば、成功することは可能です。

この場合、「有望」と見たら融資を利用して勝負をかけることもあり得ます。というのは、日本人でも海外不動産への融資が可能だからです。ただし、金額が低い物件は融資が引きにくいので、3000万円以上の物件で良いものを探すのが条件になります。

海外の金融機関で融資をしてもらう方法もありますが、日本政策金融公庫融資もキャッシュフローを考えればうまく使うことができます。

第4章

各国別不動産投資のメリットとデメリット

私が視察した国と都市

本章では、世界各国の不動産投資について、細かくメリットとデメリットを見ていこうと思います。その前に、私がこの4年間で不動産関連の視察や調査に行った国と都市をご紹介しておきましょう。現地を知らない人が何を言っても、信憑性が薄いでしょうから。

ちなみに、27カ国78都市にのぼります。

フィリピン（マニラ、セブ）、カンボジア（プノンペン）、ベトナム（ホーチミン、ハノイ、ダナン）、ラオス（ビエンチャン）、モンゴル（ウランバートル）、タイ（バンコク、カンチャナブリ、パタヤ、シラチャ、チェンマイ）、シンガポール（シンガポール）、マレーシア（クアラルンプール、ジョホールバル）、ミャンマー（ヤンゴン）、インドネシア（ジャカルタ、バリ）、台湾（台北、高雄）、中国（北京、上海、南寧、防城港）、ドイツ（ベルリン、デュッセルドルフ、ミュンヘン、ライプツィヒ）、カナダ（カルガリー、エドモントン、トロント、モントリオール、ナイアガラ）、香港（香港）、アメリカ（ハワイ、ロサンゼルス、アーバイン、サンディエゴ、シアトル、ニューヨーク、フォレストバーグ、ラスベガス、オハイオ州コロンバス、フェニックス、オーランド、ケープコーラル、フィラデルフィア、ダラス、ヒューストン、メンフィス、コーパスクリスティ、ベーカーズフィールド、オースティン、シカゴ、ローリー）、イギリス（ロンドン、マンチェスター、ハダースフィールド、ギルフォード、エディンバラ、アバーフェルディ、ルートン）、オーストラリア（シドニー、ブリスベン、ゴールドコースト、ケアンズ、メルボルン）、トルコ（アランヤ）、ポルトガル（リスボン）、スペイン（バルセロナ）、パナマ（パナマシティ）、ニュージーランド（オークランド）、ギリシャ（アテネ）、ロシア（モスクワ）、オーストリア（ウイーン）、インド（デリー、グルガオン）。

まずは日本のメリットとデメリットから

最初に、わが国の不動産投資におけるメリットを確認しておきましょう。

・非常に低い金利で融資が組め、その割に利回りが比較的高く、インカムゲインが狙え

る

・マーケットが成熟しており、一棟、戸建て、区分など、さまざまなタイプの収益物件を買える。建物のクオリティや管理にも信頼感がある

・通貨の信用度が高い

そして日本の不動産投資におけるデメリットとしては、次のようなものが挙げられます。

・人口減少中で経済成長率が低く、供給過剰なのでキャピタルゲインが狙いにくい

・供給過剰のため、場所によっては空室、賃料低下の問題が大きい

そんな日本での不動産投資における最適戦略は、

安く仕入れて、インカムゲイン（家賃収入）狙い

となります。

アジア新興国のメリットとデメリット

東南アジアなど、アジア新興国における不動産投資のメリットは、次のようになります。

・経済のファンダメンタルズが良く、人口上昇や都市集中があり、かつインフレ基調なので、物件価格が上がりやすい。

一方、デメリットとしては、次のようなものが考えられます。

・世界的に広く流通している通貨ではないため、為替レートの振幅が大きく、流動性リスクがある
・建物品質や物件管理に難あり
・供給過剰で空室リスクが大きい

したがって、アジア新興国での最適戦略は、

転売して、キャピタルゲイン（値上がり益）狙い

となります。

欧米先進国のメリットとデメリット

欧米先進国における不動産投資のメリットは、次のようになります。

・米ドル、ユーロなど、世界的に取引されている有力通貨なので、為替の急激な変動が少ない
・不動産取引や融資の仕組みが整備されており、安心度が高い
・中古住宅が流通の中心で、新築供給が相対的に少なく、構造的に空室問題が少ない
・国によっては移民流入で、人口動態や経済に元気がある

一方、デメリットは、

・都市部での賃貸利回りがあまり高くない（2～5％）

です。したがって欧米先進国での最適戦略は、次のようになります。

キャピタル・インカム両狙い。安定資産として長期保有

アジアと欧米での不動産価値構造の違い

第1章で簡単に触れましたが、もう一度アジアと欧米での不動産価値構造の違いについて、整理して見ていくことにしましょう。

①住まい方が違う

欧米は人口密度が高くないため、都市部でも郊外の一戸建や、閑静な場所の低中層集合

住宅が好まれます。人々は必ずしも都心に住みたがらない傾向があります。

それに対して日本を含めたアジアは人口密度が稠密で、人々が都市に集中するため、高層化を志向します。とにかく都心志向が強く、住まいの快適性よりも利便性が好まれる傾向があります。郊外は「不便な田舎」扱いされやすいというのもアジアの特徴です。

②土地と建物の価値比率が違う

欧米は巨大都市を除くと、不動産価値のうちの建物の比率が高いことが特徴です。建物は100年以上の長期保有が珍しくなく、築古でも住居として成立し、融資もつくので建物の価値が下がりにくくなっています。

一方、アジア圏は不動産価値の中での土地の比率が高くなっています。建物は築年数に応じて減価していくため、不動産の値上がりは土地の価値上昇に依存します。

③新築と中古の供給バランスが違う

欧米では新築と中古の供給バランスが中古に偏っています。新築の建設がメインの産業ではなく、中古のリノベーションが盛んです。大手デベロッパーが少ないため住宅不足が起こりやすく、構造的に過剰供給や空室問題が起こりにくいのが特徴です。

産業革命が早かったので、築古でも建物の設備内容が良く、無理なく住めます。

それに対してアジア圏では、住宅建設が国家の大事な産業になっているため、新築に偏っています。設備更新の速度も速く、大手デベロッパーが多いため、場所によっては供給過剰や空室問題が起こりやすくなっています。

快適に住める欧米の中古住宅

前述したように、欧米では産業革命が早かったこともあり、築古でもサッシや断熱など建物の設備内容が良いのが特徴です。二重サッシと分厚い断熱が標準装備の建物が多く、日本の築浅の中古住宅より住環境ははるかに豊かに見えます。

しかも設備系の技術革新が日本ほど早くないので、新築でもリノベーション済みの築古でも大差ない感覚で快適に住めます。

建物が老朽化しにくい工夫としては、室内の水回りや配管類が素人でもメンテナンスがしやすいように合理的にできていることが挙げられます。ドイツの集合住宅などでは、素人でもメンテしやすい、配管剥き出し＋直管直結排水が一般的です。

そして、経年しても建物の価値が下がりにくいことが、オーナーが適切なメンテナンスをして長年大事に住むことの経済的動機にもなっていると言えます。

①ヨーロッパの集合住宅の特徴

・石造り、またはレンガ造りの家が主流

・建物の寿命は数百年。人々は何世代にもわたって大事にメンテしながら住む
・新築の需要は少なく、供給力はさらに弱いため、常に住宅不足
・建物の高さや外壁の意匠に厳しい制限を設け、都市全体の美観に配慮

②北米の木造住宅の特徴
・米国・カナダは、「木造の低層住宅に長く住まう」のが主流
・4階建くらいのアパートなら木造が当たり前
・木造住宅でも暖房設備や水回りが地下に集中する合理的な構造を採用

欧米圏で新築が建ちにくい理由

欧米では一部の国を除いて、たいていどこも新築供給が少なく、住宅不足が続いています。その主な理由として、次のようなことが考えられます。

①日本・アジアと違い、欧米では住宅建設が主要産業ではなく、景気浮揚策ともみなされていない

②新築好きなアジア人とは違い、欧米人は築の古い住宅をメンテナンスして住むのが当たり前なので、そもそも新築の需要は大きくない
③新築需要が少ないため、欧米では巨大なデベロッパーが育たなかった。ほとんどが中堅・中小企業が多く、資金繰りに難がある会社も少なくない
④銀行からみて、中堅・中小の住宅デベロッパーにお金を貸すリスクが高い。中高層住宅を建てるプロジェクトでも相当の自己資金を要求し、金利も高い
⑤多くのデベロッパーは、手金を出さないと新築が建てられないので、大きなプロジェクトができない

日本・アジアで新築がたくさん建つ理由

一方、日本やアジアでは新築住宅志向が強く、需要が多い分だけ新築建売デベロッパーが巨大化しやすい土壌があります。彼らが量的拡大を目指す時、供給過剰や空室問題を引き起こすことも多くなっています。

①日本やアジアは概して高温多湿の気候条件下にあり、降雨により建物寿命が短くなりやすい
②アジア圏は世界一人口密度が高く、都市への人口流入圧力が強い。「質より量」の住宅供給政策が取られた経緯もあり、「スクラップ&ビルド」の市場になりやすい
③欧米に比べてアジア圏は産業革命の到来時期が遅く、かつ住宅躯体や内装技術の進化のスピードが速い。わずか10~20年前に建てられた中古住宅が、新築と見比べると「ボロく」見えてしまうため、新築志向がますます強まる
④大量供給のマーケットで勝ち残ったデベロッパーはさらに巨大化し、競争環境の中で量的拡大を目指すため、需要を超えた供給過剰が起こりやすくなる
⑤日本やアジアでは住宅供給が国の大事な産業セクターなので、住宅政策が景気対策として採用されやすい。それが新築供給をさらに増やす

新築供給大国・日本

新築志向のアジア圏にあって、日本はまさに「新築供給大国」となっています。中古住

宅がメインの欧米の住宅流通に比べて、日本は圧倒的に新築がメインです。実際、日本の新築供給戸数は、人口が2・5倍のアメリカに匹敵するほどです。

ただし、欧米でもスペインのような周辺国は新築供給が多く、かつ景気による変動が激しいので、欧米の全域が中古市場中心というわけではありません。

日本の住宅流通には、もうひとつ特徴があります。それは「賃貸アパート」という住宅供給セクターの存在です。日本の賃貸アパート上位3社の供給戸数は、なんと全米最大の「ドクター・ホートン」をしのぐほどです。

ここで、新築偏重の日本の事情を数字で見てみましょう。日本の不動産価格の経年変化を追ったものです。

・一都三県で新築マンションを買い、築20~30年で中古マンションとして売った場合、統計上は、50~60%も価値が下落する

・戸建の価格は、「土地」+「建物」からなる。毀損しないはずの土地部分があるにもかかわらず、築年数経過により値下がりが激しく、築30年超だと「土地値」にしかならない。とくに建物部分の価値下落速度はマンション以上
・ここ20年ほど、「パワービルダー革命」により、首都圏郊外ベッドタウンで廉価な新築戸建が量産されるようになった。その結果、

①駅近以外、新築マンションは売れなくなった
②以前の時代に建った中古住宅が、まったく流通しなくなった
③バス便エリアなどの不便な場所で中古住宅を手放す人は、パワービルダーの土地仕入値でしか売れないので、地価が暴落
④主要駅の駅近のみ分譲マンション業者が買うので地価が上昇し、同じ市内で駅距離によって地価が二極化
⑤戸建用地はほぼ無尽蔵に出てくるので、今後もパワービルダーが土地を仕入れて新築を建て、マーケットを支配すると思われる

ここで出てきた「パワービルダー」とは、住宅一次取得者層をターゲットにした床面積30坪程度の土地付き一戸建住宅を2000～4000万円程度の価格で分譲する建売住宅業者のことです。パワービルダー大手5社の首都圏分譲戸建住宅市場における販売シェアは、1998年の10%から、2003年には24%にもなりました。実需向けでは飯田グループが代表的存在です。

欧米先進国の不動産投資戦略

欧米先進国における不動産投資の基本戦略は、

安定資産として長期保有

です。

欧米ならではの建物寿命の長さ、価値保持力の高さを生かして、賃貸利回りを取りながら長期保有し、子孫へ引き継ぎます。

①戦略的にキャピタル狙い

人口が増えているのにまだ注目されず、価格が上がりきっていない地域に着目します。あるいは、評判の良い地域で何かクラッシュが起きて暴落したタイミングで投資します。

②戦略的にインカム狙い

この場合、売買価格の割に賃料はそれなりに取れます。利回りが高い場所で投資するのがコツです。

③鉄板な場所で資産保全

すでに成熟・確立した都市の一等地など、安全度の高い場所を資産保全目的で持つのもありでしょう。

ちなみに、日本の不動産投資は②が主流です。③は東京都心のみ成立し、①は10年に2～3年くらいの頻度で訪れるタイミングで買えば可能です。

時間差不動産投資

アメリカ、カナダ、オーストラリアなど、広大な国土面積を持ち、人口流動の激しい国では、同じ国内でも不動産価格が「まだ安く上がり続ける場所」、「もともと良い場所で大崩れしない場所」、「一度下がってV字回復した場所」、「一度下がったまま、まだ回復途上の場所」であるような場所が共存しています。

そこをうまく利用すれば、同じ国の中で次々と土地を売買していって利益を上げることが可能になります。

たとえば、アメリカのカリフォルニアで不動産を保有し、値上がりしたら買換特例（10－31エクスチェンジと呼ばれるキャピタルゲイン税を先延ばしする制度）を使ってテキサスに転戦。安い時期に仕入れて値上がりを取り、カリフォルニアがピークを過ぎて価格が下がったら、テキサスの物件を売ってカリフォルニアに再転戦するというような方法です。

アメリカの不動産投資環境は、10―31エクスチェンジのほか、トランプ政権によるキャピタルゲイン減税など、今のところ良い材料が多くなっています。

日本にも買換特例の制度はありますが、日本の場合は大手デベロッパーが全国展開していて価格決定力も強いので、時間差がなかなか使いにくい面があります。

東南アジアコンドミニアム投資の現状と課題

ひところ東南アジアのコンドミニアム投資が人気でした。しかし、今はかつてほどの旨味がなくなっていると思われます。各国によって事情は異なりますが、全体傾向として、次のような課題があります。

①10年前と比較すると、単価が2～5倍に上昇。そのため都心立地から近郊立地への供給が増えている

②地元中間層の購買力はまだ低く、購入者は地元高所得者から外国人へシフトしている。賃借人は外国人（高所得者・駐在者）が多い

③供給を需要が上回りつつあり、しかも大型物件が多い（数千～1万戸規模）

④表面利回りは5～12%だが、1年以上も借り手がつかないケースが多く要注意

⑤プレビルド販売手法が終焉を迎えており、販売途中で値上げ、竣工までに値上がり売却というスタイルが取れなくなった

⑥工期の遅れから投資金を寝かせることも多くなってきた

⑦販売エージェントに不動産に詳しくない人が多く、総論は強いが各論に弱い傾向がある

⑧「うまくいかない事例」が数多く聞こえるようになった。たとえば「賃貸がつかない」「工期が遅れる」「希望の価格では転売したくてもできない」「騙された」など

東南アジアのコンドミニアム投資がうまくいかない理由には、次のようなものが考えら

れます。

・日本のセミナーで販売している物件の多くがローカルターゲットではなく、賃借人が外国人のため数に限りがある
・ローカル実需物件は海外に販売する必要がないため、日本にいても情報が入らない
・物件による販売価格がバラバラ
・利回り保証は高く売ってその利益から保証の一部を返金するという構図も十分ありうる
・その購入価格が高いか安いか。利回りからの判断はあてにならない

東南アジアに限らず、不動産は安く買えればそれが安心材料になります。とくに東南アジアの新興国の場合は、値上がり期待を重視すべきですから、とにかく安く買うことです。

先進国主要都市のコンドミニアム投資の現状と課題

先進国主要都市のコンドミニアムの価格を見てみると、世界のベスト13都市であるモナコ、ロンドン、香港、ニューヨーク、東京、モスクワ、ムンバイ、ジュネーブ、ウイーン、パリ、シンガポール、テルアビブ、ローマでは坪単価が４００万円以上になっています。

つまり、25坪で1億円以上の投資になるわけで、表面利回りは2・6％程度、ネット利回りにすると０％からマイナスになる場合もあります。

なぜ失敗するのか

そんな状態でなぜ買うのかというと、「資産保全」のためです。

世界の主要都市の不動産は資産価値が下がりにくく、上がるときは上がります。物件の希少性（立地＋商品）と高い満足度があるからです。

したがって世界の主要都市の不動産は、価格の上昇傾向が基本的に続いています。ではどんなタイミングで購入すればいいかというと、世界的に影響を及ぼす事態があったりした後で、急ぎで売りに出るようなタイミングでの購入がベストと言えます。

その次のランクの主要都市、トロント、シドニー、オークランド、ベルリン、コペンハーゲン、マドリッドなどは、坪単価200万～300万円台の価格帯となります。

したがって25坪の投資金額は5000万～8000万円くらいで、表面利回りは4～5％程度になります。

この場合もネット利回りはさほど魅力的な数字になりません。自己利用などのメリットを追求しながら、値上がりを待つような運用方法が向いているかもしれません。

多様化する不動産投資スタイルを理解しよう

最近は不動産投資の方法が多様化してきています。

従来の不動産投資といえば、

①土地や土地付き建物を購入し、値上がりを待って売却

②相続税対策

③損益通算による節税

の三パターンくらいしか知られていませんでした。その特徴は不動産を所有すること自体が投資目的そのもの、あるいはその一部になっていることで、投資家は節税効果が最大の関心事でした。

この方法の課題は、不動産そのものの現在価値へのアプローチが弱いことです。

一方、最近の不動産投資、とくに海外不動産投資に限ると、パターンが多様化していることがわかります。

①高利回り商品の登場
②利回り保証
③小口化の商品
④海外不動産への融資拡大
⑤日本の上場不動産会社による海外進出

これらのポイントは、まず単純に「選択肢が増えた」ことです。そしてシンプルに不動産を購入するだけでなく、不動産という名を冠した事業投資案件も混在してきています。そのため判断基準が難しくなっていて、一見買いやすく思えても、それぞれの商品の差が大きいというのが実状です。

ともあれ、商品選択の幅が広がったことは歓迎すべきことで、それにしたがってマーケットが広がり、参入者も増えてきました。

しかし、同時にリスクの幅も広がっていることを忘れてはいけません。買いやすくなり、とっつきやすくなったように見えても、実際はプロと同じマーケットで行動するのです。さらに、海外不動産投資の場合は外国人とも競合する環境で勝負しなければなりません。

そこで失敗しないためには、とにかく情報を整理することです。不動産投資スタイルが多様化する時代には、なにより投資家自身の投資リテラシーの向上が求められます。

不動産投資と事業投資の違い

前のページで、「不動産という名を冠した事業投資案件が混在してきている」とお伝えしましたが、ここはきちんと分けて考える必要があります。そこを曖昧にしていると、思わぬ落とし穴にはまってしまうかもしれません。

現在の海外不動産投資における商品は、その運用方法などで次のように分けられます。

①通常賃貸
②AIRBNB（インターネットを使った民泊）
③学生寮
④ホテル
⑤ケアホーム
⑥ランドバンキング（空き家や空き地を取得し、周辺地域を一体的に活用・再生すること）
⑦シェアハウス（自分の居室以外に共同利用できる共有スペースを持った賃貸住宅）
⑧駐車場・貸地
⑨ファンド出資・クラウドファンディング（不特定多数の人が財源の提供や協力を行う）
⑩開発事業投資（エクイティ・ローン＝不動産の賞味価値を担保にローンを組むこと）

ではそれぞれ個別に見ていくことにしましょう。

①の通常賃貸は、所有する不動産を入居者に貸して賃料を得るもので、賃料の妥当性や

入居者のターゲット、需給環境に加えて、管理費や税金、修繕費などの経費、管理会社の対応力などチェックすべきポイントはいろいろあります。

しかし一番大切なのは、その物件自体の価値にしっかり注目することです。このことに言及するアドバイザーはあまり見かけません。不動産の価値は時価なので変動しますが、予想は可能なのです。

②のＡＩＲＢＮＢは日本人でも外国人旅行者をターゲットに急激に増加してきましたが、欧米では以前からポピュラーな形式です。

しかし、一般的に運用の難易度は高く、さらに運用ができなくなったときのことも考えておかなければなりません。狙うなら観光地よりも観光都市のほうが成功率が高いでしょう。また、ホテル業として認可されているアパートも存在します。

この投資形態は、あくまでも自己責任で取り組むべきでしょう。

③の学生寮は、イギリスに多いです。郊外の立地が多く、学生寮の運営に委ねる投資に

なります。メリットは利回りが高く、賃料保証付きであることですが、反面、中古マーケットが確立していないという課題もあります。

④のホテルは、「自己利用を重視するなら」という条件つきでおすすめする形態です。利回りはあまりあてになりませんし、利回り保証物件は割高です。

そして、ホテルのブランドは変わることがあるということを覚えておきましょう。頭に入れておかなければならないのは、改装やメンテナンス費用が思いのほかかかることです。

⑤のケアホームも、イギリスに多い物件です。学生寮と同じく郊外の立地が多く、新しい投資不動産です。運用の目論見がきちんと説明されていることを確認してから投資すべきですが、まだ中古市場が確立していないため、出口が不透明です。

⑥のランドバンキングは、投資単位が低いので事業会社への信頼がすべてと言えます。そもそもの土地原価は圧倒的に安いのですが、売却の時期が読めないこと、売却へは他の

地権者の合意を形成する必要があることなどが課題です。

⑦のシェアハウスも、運営会社の運営力がすべての投資案件です。意外に立地条件が良くない物件が多いため、リスクが高いという認識を持つべきでしょう。高利回りを標榜している上に、家賃保証が付くものもありますが、割高になっていないかチェックが必要です。

このタイプの投資では、とにかく借入金額を抑えることがポイントになります。

⑧の駐車場や貸地ですが、これもイギリスで多いパターンで、駐車場投資という金融商品です。やはり運用会社任せになるため、運用会社が信用できるかどうかがポイントです。

一般に海外土地投資の場合、土地への直接投資は難しく、土地投資と言っても実は会社の社債であったりします。成功するためには、とにかく現地に乗り込んで、信頼できるパートナーを見つけることです。

⑨のファンド投資・クラウドファンディングは、ほぼ金融商品に近い存在です。基本は人任せなので、信用性が第一になります。

⑩の開発事業投資（エクイティ・ローン）は、個人投資家には金額が大きすぎるものが多く、リスクも低くありません。ただし高リターンが望めるため、パートナー次第では魅力的な投資となります。

ポイントは許認可を取るためのハードルの高さで、リノベーションやコンバージョンなど、幅広いスタイルがあります。

もう一度、なぜドイツに投資するのか

さて、ここでもう一度本書のテーマに立ち返ってみることにします。

私は第2章で現在の世界の不動産市場の動向から、海外不動産投資にドイツのＮＲＷ州が最も適していると申し上げました。そこで概略を説明しましたが、復習しながらより詳

しく見ていきましょう。

まず、ドイツはご存じの通りの先進国であり、欧州を代表する世界第4位のGDPの国家です。したがって、アメリカと日本を除く他のどの国よりもリーガルリスクやファイナンスリスクが低いと言えます。

そのために、ドイツの不動産を投資対象に選ぶプレイヤーのレベルが、アジアなどに比べて高くなっています。

また、ドイツは通貨がユーロであり、ユーロはハードカレンシーなので、カレンシーリスクが低いことが特徴です。それに加えて、現在のところ大きなインフレが発生することが想定しにくくなっています。

政権が比較的安定していることも、プラス材料です。

NRW州について

次に、ドイツの全土が不動産投資に適しているわけではなく、「ノルトライン＝ヴェストファーレン州」を私たちがおすすめしている理由をもう一度おさらいしてみます。NRW州の概要を次に示します。

・州　都：デュッセルドルフ
・人　口：約1805万人（ドイツ全土では8267万人）
・人口密度：約530人／㎢（ドイツ全土では228人／㎢）
・面　積：3万4083㎢（ドイツ全土では35万7121㎢）
・州別の人口は国内第1位
・ドイツに人口50万人を超える都市は12あるが、そのうち5つが同州に存在（デュッセルドルフ、デュイスブルク、ドルトムント、ケルン、エッセン）
・旧西ドイツ時代の首都ボンも同州にある

・ロンドンやパリへはデュッセルドルフの空港から1時間程度のフライトであり、ハブとなっている

参考までに申し上げると、ドイツにはミュンヘンやベルリンなどの大都市もありますが、NRW州の各都市に比べると利回りが下がります。

それでは以下、私たちが有望と睨んでいるNRW州の各都市についてお伝えします。

デュッセルドルフについて

デュッセルドルフは面積が217・21㎢で人口は61万2178人（2015年12月31日現在）。ドイツ連邦共和国の都市で、NRW州の州都です。ライン川河畔に位置し、ライン・ルール大都市圏地域の中心で、ルール工業地帯のすぐ南西部にあります。金融やファッションの中心都市のひとつで、世界的な見本市も開かれます。

また、西ヨーロッパの中でも「ブルーバナナ」と呼ばれる、経済的にも人口的にもとくに発展した地域内に位置し、市内には「フォーチュン・グローバル500（フォーチュン誌が毎年1回発表している、世界中の会社を対象とした総収益ランキング）」に含まれる5社や、いくつかのＤＡＸ（ドイツ株価指数。フランクフルト証券取引所で取引されるドイツの主要30銘柄で構成される時価総額加重平均型の株価指数のこと）に含まれている企業が本社を置いています。

日本企業の進出も盛んで、デュッセルドルフ市内には約５０００人の日本人駐在員やその家族が居住しています。日本総領事館などのあるインマーマン通りは、日本人街の様相を呈しているほどです。

１９７１年にはデュッセルドルフ日本人学校も開校し、１９９０年前後には、生徒数が１０００名近くにまで達しました。

２０１１年に行われたマーサー・ヒューマン・リソース・コンサルティングによる「世界で最も居住に適した都市の調査」では、世界で5位、ドイツ国内では2位という好位置につけています。

デュイスブルクについて

デュイスブルクは面積が232・81㎢で人口は49万1231人（2015年12月31日現在）。ライン川とルール川の合流地点に位置する工業都市で、世界でも有数でドイツ国内では最大の河港を有しています。

近隣の都市としては、約25㎞南にデュッセルドルフ、25㎞東にゲルゼンキルヒェン、20㎞南西にクレーフェルトの各都市が位置しています。

ここはライン川とルール川の合流点という重要性に注目した古代ローマ帝国の集落が起源で、1世紀の遺跡が発見されています。その後、交易の場として発展し、1290年には帝国自由都市となり、15世紀初めにはハンザ同盟に参加しました。しかし、17世紀後半にはブランデンブルク＝プロイセンに支配されることとなり、帝国自由都市を称することも禁止されてしまいました。

19世紀以降は、産業革命が進展する中で、交通の要衝であることと石炭資源がある利点を生かし、工業都市として成長しました。第二次世界大戦で荒廃しましたが、戦後復興を果たし、1975年、周辺の地域を合併して現在のデュイスブルクが形成されています。

ゲルゼンキルヘンについて

ゲルゼンキルヘンは面積が104・86㎢で、人口は26万368人（2015年12月31日現在）。NRW州の工業都市で、ルール地方中部、エッセンの北東に位置しています。19世紀中ごろまでは人口1000人に満たない小村落でしたが、ルール炭田の開発が進むにつれて発展し、1875年に都市権を得ました。

現在ではヨーロッパ有数の炭鉱都市であり、ライン・ヘルネ運河に多くの積出港があります。ドイツの内港としての積荷の扱い量は、デュイスブルクに次ぐものです。

この町のもうひとつの特徴として、「ケーニヒスブラウ（王者の青）」の愛称で親しまれているサッカークラブ「シャルケ04」の存在があります。シャルケ04は総合スポーツクラブで、サッカーのほか、バスケットボール、陸上競技、ハンドボール、卓球などのクラブチームと専属選手の保有や運営、育成に携わっています。

サッカー部門はドイツのサッカーリーグ機構「ブンデスリーガ」に加盟し、過去7回リーグ優勝しています。収入規模や平均観客動員数で国内屈指のチームです。

エッセンについて

エッセンは面積が210・32㎢で、人口は58万2624人（2015年12月31日現在）。東にボーフム、西はミュールハイム・アン・デア・ルール、北はゲルゼンキルヘンと隣接していますが、これらの町は、いずれもかつてルール工業地帯として鉄と石炭工業によって繁栄した都市であるという共通した特徴があります。

エッセンは2010年の「欧州文化首都」に選ばれています。これは欧州連合（EU）

が指定するもので、指定された都市を舞台に、1年間にわたって集中的に各種の文化行事を展開します。この年はエッセンのほか、ハンガリーのペーチとトルコのイスタンブールが選ばれています。

エッセン市は昔から一貫して高い水準の建築及び造形に力を入れてきました。それは現在実施中の数々の建設プロジェクトにも受け継がれています。たとえば、「大学街エッセン緑の中心地」プロジェクトでは、高級住宅、事務所、レストラン、各種店舗の建設に加えて、緑と水であふれる空間も計画されています。

海外不動産の価格の見きわめ方

NRW州の魅力的な都市をいくつか紹介しましたが、海外の不動産が投資に適格であるかどうかを見きわめるためには、次のポイントをしっかりとチェックする必要があります。

①各国の代表的な都市の不動産価格を知る（1㎡あたりの単価を比較することでイメージする）

②その都市（国）の価格の推移を知る（今の価格は上昇局面か下降局面か。または停滞中か）
③前項の理由は何かを考える
④人口・供給・経済の伸び・インフラなどを確認する
⑤その都市の中で検討する不動産のランクを見きわめる
⑥賃貸・売却ターゲットの想定をする

それらのポイントを入念にチェックした結果、ドイツＮＲＷ州の不動産が候補に浮かんできたのです。

何のために海外不動産投資をするのか

本書をお読みの方の多くは、実際に海外不動産投資をしたい、あるいはすでに経験している人だと思いますが、一度立ち止まって、「自分は何のために海外不動産投資をするのか」を自問自答してみてください。

その答えによって、どのようなスタイルの海外不動産投資が合うかがわかります。

一般的に海外不動産投資を目指している人の目的は、次のようなものが多いようです。

・持っている現金を安定的に運用したい
・持っている現金を増やしたい（どのくらい？）
・少ない現金を増やしたい（どのくらい？）
・増やしていく資産で収益を高く上げたい
・金融資産と不動産で儲けたい
・不動産を持つことでできる節税を利用したい
・将来的に移住も視野に入れた不動産投資がしたい
・外貨保有の一環として海外不動産投資をしたい
・日本の不動産が買いにくくなった

以上の回答例を参考に、あなたの本音を明確にしてみましょう。

第5章

安全で儲かる不動産投資物件を選ぶコツ

世界中で共通する海外不動産投資の参考指標とは

ここまでドイツ不動産投資を中心に、海外不動産投資についてのさまざまな情報を提供してきました。本章では、読者のみなさんが海外不動産投資で損をしない、負けないための考え方をお教えしたいと思います。

そもそも海外不動産投資は、日本人が遠隔地である海外で、不動産選びや運用をするわけですから、日本での不動産投資よりは圧倒的に不利になります。そこで失敗しないためには、世界中どこでも通用する不動産投資の基本的な知識を学ぶ必要があります。

そこで私がおすすめしたいのは、「満室利回り」ではなく「ＮＯＩ利回り」を使うことであり、さらに進めて「脱・利回り」の投資指標としてＩＲＲを使うことです。この後でその概念と応用事例を紹介します。

次に、投資先国選びの参考指標として、「安全」「儲かる」の2種類の指標があることを知っていただきます。その指標を使えば、おのずと投資先は絞られてきます。

その上で利回りと都市ランク、立地との関係を学び、予算に合わせた「安全性と収益性を両立する不動産物件」がイメージできるようにします。

NOI・IRRという国際的な投資指標

海外不動産投資には、「統一の物差し」が必要です。国ごとに違う物差しを使っていては、グローバルな投資などできませんし、いちいち新しい知識を詰め込まなくてはならなくなります。

では、そういう物差しがあるのかと言えば、実は世界の不動産投資のプロやセミプロはとっくにそういう指標を使っているのです。なぜか日本ではあまり有名でなく、いまだに「利回り」や「キャッシュフロー」が使われています。

利回りでわかるのは「単年度の家賃収入と物件価格の比率」くらいで、キャッシュフローは「単年度に家賃収入から諸経費と税金を差し引いて残るお金」ですから、それらの指標だけでは、投資期間を通じて、お金がどれだけ増えるかがわかりません。

「利回り」と「キャッシュフロー」に一番欠けている視点は、出口戦略です。「何年後、いくらで売れるのか」が想定できないため、投資の評価ができません。

それがわかるようになる国際的な指標が、NOI（純収益）やIRR（内部収益率）と呼ばれるものです。

たとえば、日本で賃貸住宅投資をすすめる業者は、よく「満室利回り」を使います。しかし現実には「いつも満室」という状態はあり得ないので、その数字は理想論でしかありません。私たちのようなプロは、満室利回りではなく、NOI利回りを使います。

NOIとはNet Operating Incomeの略で、「純収益」と訳されます。収入（賃料）から、実際に発生した経費（管理費、固定資産税など）を控除して求めるもので、事業によって生み出される単純なキャッシュフローを示します。

一例として、アメリカ・テキサス州の戸建住宅の数字を挙げてみましょう。

価格30万ドル、グロス家賃2万7000ドル／年、固定資産税7000ドル／年、保険1000ドル／年、管理修繕費3000ドル／年、想定空室率10％とすると、

・満室利回りは9・0％（2万7000／30万）
・NOI利回りは4・4％（2万7000×0・9－7000－1000－3000／30万）

となります。

満室利回りとNOI利回り、どちらが現実の数字を反映しているか、おわかりと思います。

利回りを卒業してIRRを使おう

もうひとつの「IRR」とは、Internal Rate of Return の略で、異なる投資期間、収益タイミング、売却時利益を生む複数の投資商品を一元的に評価できる指標として使われます。

たとえば投資期間を20年として、

・利回り10％の太陽光発電で20年間売電を続け、売却時は価値ゼロで処分
・利回り7％の不動産投資、家賃下落率0・5％／年、20年後売却時に元の価格の70％で売れる

この2つの投資のどちらが有利かが、IRRを使えばたちどころに判定できます。次ページに表を掲載しますので、ご覧ください。

（例題1）

Year	太陽光	賃貸アパート
投資年	-100.00	-100.00
1	10.00	7.00
2	10.00	6.97
3	10.00	6.93
4	10.00	6.90
5	10.00	6.86
6	10.00	6.83
7	10.00	6.79
8	10.00	6.76
9	10.00	6.72
10	10.00	6.69
11	10.00	6.66
12	10.00	6.62
13	10.00	6.59
14	10.00	6.56
15	10.00	6.53
16	10.00	6.49
17	10.00	6.46
18	10.00	6.43
19	10.00	6.40
20	0.00	6.36
売却年	0.00	70.00
総ＣＦ	190.00	203.55
ＩＲＲ	7.44%	5.80%

もうひとつ例を挙げましょう。

・利回り８％の海外学生寮を６年間保有後売却。家賃上昇率０、価格上昇率０
・利回り５％の海外大都市レジデンスを６年間保有後売却。家賃上昇率３％／年、価格上昇率５％／年

このどちらが有利でしょうか？　この答えは次ページに掲載します。

（例題２）

Year	学生寮	都市部レジ	
	賃料	賃料	資産価値
投資年	-100.00	-100.00	
1	8.00	5.00	100.00
2	8.00	5.15	105.00
3	8.00	5.30	110.25
4	8.00	5.46	115.76
5	8.00	5.63	121.55
6	8.00	5.80	127.63
売却年	100.00	134.01	134.01
総ＣＦ	48.00	66.35	
ＩＲＲ	7.08%	8.51%	

プロジェクトＩＲＲとエクイティＩＲＲ

「プロジェクトＩＲＲ」とは、全額現金で物件を買ったと仮定した際の収益性のことです。

私は、出口でプロジェクトＩＲＲが７％以上なら、不動産投資としては成功と考えています。

もうひとつ、融資で用意した自己資金＋諸経費に対する収益性を示す「エクイティＩＲＲ」という指標もあります。エクイティＩＲＲで私が考える成功の基準は、

・日本の場合20％以上
・海外の場合12％以上

です。

ここでひとつ、私が見かけた新築アパート投資の失敗事例をＩＲＲを使って解説してみましょう。

・２０１7年3月に首都圏の新築木造アパートを割高価格で購入。ほぼフルローンを組んで投資。今後6年持ちこたえて、２０２3年3月にグロス7％で売り抜けられると仮定した場合

試算結果は次のようになりました。

アパート：プロジェクトIRR概算

- C県新築木造2階建アパート
- 土地42坪
- 「1K+ロフト」×6戸
- 物件価格（諸経費含む）7669万円
- 満室想定家賃453万
- 利回り5.90%
- 空室率7.3%

年　度	数値（万円）	備　考
投資開始（2017/3）	**−7669**	物件価格7170万、諸経費499万
1年目NET家賃（2017/4～18/3）	320	グロス家賃420万、経費100万
2年目NET家賃（2018/4～19/3）	320	1年目と同じ状況がずっと続くと仮定
3年目NET家賃（2019/4～20/3）	320	同上
4年目NET家賃（2020/4～21/3）	320	同上
5年目NET家賃（2021/4～22/3）	320	同上
6年目NET家賃（2022/4～23/3）	320	同上
売却（2023/3）	6280	グロス7%で売却（453÷0.07＝6480万）、売却諸経費200万
プロジェクトIRR	**1.1%**	

ＩＲＲは合理的な想定のもとで使いこなすことができれば、次のようなメリットがあります。

・投資したお金が、何年間でいくら増えるかを、わかりやすく評価できる
・複数国の不動産投資物件を、同じ指標で優劣評価できる
・不動産と、それ以外の投資対象（太陽光など）の優劣も評価できる
・目標とするプロジェクトＩＲＲとエクイティＩＲＲから、購入売買価格を逆算で算出できる
・プロジェクトＩＲＲ＝いくら以下で買えば良いか。いつ、いくら以上で売れれば良いか
・エクイティＩＲＲ＝どのような条件で融資を引き、売却時に残債をいくらにしておくべきか

「安全で儲かる」投資先を選ぶ視座

東南アジア新興国における「利回り6％」と、日本や欧米先進国での「利回り6％」では、見かけの数字は同じでも意味合いが違うということはおわかりと思います。同じ利回り6％でも、それを確実に手にできる安全性と、それを手にできないリスクを考慮しなければならないからです。

不動産投資における主要リスクは、

・マーケットリスク（賃貸マーケットや中古売買マーケットが未整備、専門家のレベルが低いなど）
・ガバナンスリスク（不動産の権利や業界関係者の質を担保する法制度が未整備など）
・個別リスク（割高な物件を買ってしまう、悪徳業者の詐欺に遭ってしまうなど）

といったことが考えられます。

そのうち、「マーケットリスク」と「ガバナンスリスク」に関しては、先進国と新興国とでは明確なレベルの差があります。それは、販売セミナーなどではあまり語られない「投資先国選びの必須知識」です。

海外不動産において、良い投資とはずばり、「安全」+「儲かる」ことです。

安全な（＝損する心配が少ない）国・地域の、儲かる（＝利益が見込める）個別物件が有望なのです。

なぜなら、

・不動産は他の投資対象と比較して、「ミドルリスク&ミドルリターーン」
・不動産の良さは「ハイリスクでないこと」（価値が落ちにくい実物&権利商品）
・その良さを担保するのが「マーケットやガバナンスを含む、安全な投資環境」

だからです。

「安全指標」とは？

不動産投資における「安全」とは、不動産を支える社会インフラがきちんと整備されていることです。これは法律や制度に関連することなので、その評価はおもに国レベルになります。次のような項目が安全指標の元になります。

・権利を保障する法制度・運用（不動産権利が政治変動に影響されない）
・市場データ（客観的に判断できる）
・建物の品質保証・診断システム（購入段階で、問題の多い建物をつかまない）
・管理サービスの成熟、プロの存在（保有段階で、収入を確実に手にする）
・自然災害・地政学リスク（保有段階で、不動産価値を毀損しない）
・中古流通市場、金融システム（売却段階で、値上がり益を確実に手にする）

「儲かる指標」とは？

不動産投資における「儲かる」とは、個別物件の目利きで左右されます。

不動産は工業製品とは違い、商品の一つひとつが個別に違うので、都市、エリア、ストリート、最寄り駅レベルの精査が必要になります。次の項目が儲かる指標の元になります。

・経済成長と人口増加
・物件の将来性（資産価値＝キャピタルゲイン期待）
・物件の収益性（賃貸ニーズ＝インカムゲイン期待）
・参入タイミング、仕入れルート（今のタイミングで、物件本来の価値に比べて割安に買えるか？）
・購入、保有、売却時コストの安さ（購入時印紙税、固定資産税、管理費修繕費、仲介手数料など）

「安全指標」と「儲かる指標」の比較

安全指標は、先進国と新興国とで歴然と差がありますが、儲かる指標は先進国と新興国とで有意な差がありません。安全指標と儲かる指標を足した「安全＋儲かる総合点」を比較すると、安全指標の差が大きく影響するため、先進国のほうがおすすめできる要素が多いことになります。

参考のために、安全指標と儲かる指標の調査方法と評価方法をご紹介しておきましょう。まず前提は「日本在住者が国内外の各都市で住居物件を投資目的で購入し、5～10年間保有して通常賃貸で運営後、売却する」というもので、リスクを抑えて利益を出しやすい環境かどうかの観点から諸条件を考察し、6段階の評点（S、A、B、C、D、X）をつけました。

各評価項目は10点満点で、S（例外的に優秀）＝10点、A（優秀）＝8点、B（平均的）＝6点、C（課題多し）＝4点、D（深刻）＝2点、X（論外）＝0点です。

評価対象は13カ国28都市で、内訳は次の通りです。

先進国（7カ国17都市）…米国（ロサンゼルス72点、ダラス82点、ホノルル70点）、カナダ（トロント80点、バンクーバー72点、モントリオール80点）、オーストラリア（シドニー72点、メルボルン76点、ブリスベン82点）、ニュージーランド（オークランド72点）、英国（ロンドン68点、マンチェスター76点）、ドイツ（ベルリン68点、デュッセルドルフ74点、）、日本（東京66点、大阪64点、名古屋68点）。

新興国（6カ国11都市）…タイ（バンコク58点、パタヤ54点）、マレーシア（クアラルンプール60点、ジョホールバル48点）、ベトナム（ホーチミン52点、ハノイ48点）、カンボジア（プノンペン36点）、フィリピン（マニラ56点、セブ50点）、トルコ（イスタンブール56点、アンタルヤ52点）。

不動産価格に影響するマクロ4要素

不動産の価格に影響するマクロ要素としては、次の4つが挙げられます。

①人口増加
②経済成長
③金融環境（融資金利など）
④物件の需給バランス

これはリーマンショック後の、日本を含めた各先進国の事例をモデルケースとして学ぶとわかりやすいと思われます。

①人口増加

リーマンショック前後を問わず、英米圏の各国では移民流入などにより人口が順調に伸びました。2011年からドイツも増勢に転じ、主要先進国で人口減少傾向なのは日本のみです（ただし東京圏は外国人流入もあり、人口増加が続く）。

リーマンショック以降の人口増加率
・豪州　1.59%／年
・カナダ　1.10%／年
・米国　0.73%／年
・英国　0.73%／年
・ドイツ　0.26%／年
・日本　△0.08%／年

②経済成長率
リーマンショック後、英語圏新大陸諸国（アメリカ、カナダ、オーストラリア）の経済成長率は日本より高く推移してきました。欧州の主要国（イギリスとドイツ）は日本と同等かやや上です。

③金融緩和

２００８年のリーマンショック後、先進国は例外なく、金融緩和政策で苦境を乗り切ろうとしました。

金融緩和で不動産価格が上がる理由は、おもに２つあります。

・株や不動産に投資資金が回る（富裕層からみて、銀行に預けても大した利子はつかず、不動産で家賃収入を得たほうがマシな状況になる）

・住宅ローンで不動産を買う人が増える（金利が低くなり、同じ月額返済でもより高い不動産を買える）

④需給バランス（米国・英国）

欧米圏の先進国では、周縁部の一部国を除き、住宅需給がバランスしているか供給不足の状態のため、家賃も不動産価格も構造的に値上がりしやすい状況です。

リーマンショック後、住宅ローンの自己資金要求が厳しくなった米国と英国では、家を買える収入のある人々が賃貸に回ったため、空室率が低下して家賃が上昇しました。

⑤需給バランス（カナダ・オーストラリア）

人口増加率が高く、空室率が非常に低いカナダや豪州では、リーマンショック後の低金利になると投資家、実需層がこぞって不動産を買い、価格を押し上げました。

カナダの空室率
・全国平均　3・4％
・トロント　1・6％
・バンクーバー　0・8％

豪州の空室率
・全国平均　2・2％
・シドニー　1・8％
・メルボルン　1・7％

④需給バランス（ドイツ）
ドイツ主要都市では世帯数が住宅戸数を上回るので、構造的に空室問題が存在しません。

また直近5年では、人口、世帯数の増加に住宅供給が追い付いていません。そのため賃料も売買価格も右肩上がりが続いています。

④需給バランス（日本）
・欧米諸国と同様、金融緩和を背景に日本の都市部で不動産価格が上昇
・しかし賃料は上がらず、利回りは下がった
・賃料が上がらないのは、空室率上昇（建てすぎ）が背景にあると思われる

利回りは、資産価値とトレードオフ

「利回りの低さ」は、すなわち、「街や物件の評価の高さ」を意味します。
グローバルな時代には、世界レベルでそれを把握できるようにしましょう。
「東京の利回り5％と千葉の利回り5％が同じではない」のは日本では常識ですが、海

外でも同様に、都心と郊外で期待利回りには差があります。

・2010年代からとくに、国境を越えた不動産投資マネーが爆増しています。その結果、「東京都心部」の利回りや収益性が、海外の世界都市の都心部(ニューヨーク、ロンドン、香港、シンガポールなど)と比較されるようになってきた

・その結果、東京の都心2区(港区・千代田区)の一部は、都内他地域とは明らかに異なる値動きをするようになったが、これはグローバル化が影響している

―例―

「港区赤坂9丁目」のライバルはマンハッタン、プライム・ロンドン、シンガポール

「江東区豊洲」のライバルは晴海、月島、お台場、門前仲町

都市ランクと利回りの目安

世界中からリスクが低いと思われている「先進国大都市の中心部」は、利回りも低く、

都市ランクや立地が落ちるほど、利回りは上がっていきます。

都市ランクと中心地NOI利回り

・世界都市（ビッグセブン）2～3％
・世界都市（それ以外）3～4％
・先進国ローカル都市 3～7％
・新興国都市 3～10％（現地通貨ベース）
※中華圏の都市は賃貸利回りが極端に低い（1～3％）
※特殊ニーズや購入・売却タイミングによっては上記以上の数字が出ることもある

管理しやすい物件を選ぶ

不動産物件管理の基本は、どの国も「BM（Building Management＝建物管理）＋PM（Property Management＝賃貸管理）」です。

ＢＭは共有部分や外壁・屋根、ライフライン関連設備のメンテナンス、長期修繕計画の策定・実施などで、費用は建物によってさまざまです。

ＰＭは家賃収納代行、入居づけ、賃貸借契約締結・更新、修繕手配、クレーム処理などで、費用は賃料収入の５～15％が相場です。

ただし、国や地域によって管理サービスのレベルや業界成熟度が違います。

日本を含む先進国は管理サービスが高度に専門分化しており、管理を支える業界・プロフェッショナル層も厚くなっています。

それに対して新興国は管理サービスが発展途上で、専門未分化(ＰＭ業務をデベロッパーのリーシング部門や個人エージェントが担ったりする）です。

海外不動産投資の鉄則としては、とにかく海外では管理しやすい物件を選ぶべきだということです。海外は遠隔地のために自主管理がほぼ不可能です。そして問題が起こった時の自力リカバリーが難しいので、次の優先順位で物件選びをするべきです。

・**優先順位1**
管理しやすい物件を選ぶ（建物状態が良い、入居者の属性が良い、空いても入居がつきやすいなど）
・**優先順位2**
複数の管理会社が競争する場所を選ぶ（現地に管理会社が複数あって競争しており、問題があればいつでも他社に乗り換えられる場所を選ぶのが望ましい）
・**優先順位3**
能力が高く、信頼できる管理会社を選ぶ（メールのやりとりで、しっかりコミュニケーションの取れる会社を選ぶ）

出口で損をしない物件の選び方

変な海外物件を選んでしまう例としては、次のようなものが挙げられます。

「海外物件の見極め方・選び方」を学ばないまま、日本で開催されている海外不動産セミナーを通じて物件を買おうとすると、次のような失敗をしやすいので注意が必要です。

①利回り星人
高利回りは物件競争力の低さやリスクの高さの裏返しであり、上級者になるほど選ばないアセットクラス。

②利回り保証付き物件を選ぶ
利回り保証する物件は競争力の低さや売却の難しさの裏返し。また、本来の価値より大幅に利益を乗せて割高な価格で売る悪質な業者も少なくありません。

③快速減価償却できる中古物件を選ぶ
これは日本独特の税制による特殊需要で、それに乗じて本来の価値より大幅に利益を乗せて割高な価格で売る業者も少なくありません。とくに、「快速減価償却」と「利回り保証」は、「大して良くない物件をお化粧して売りやすくする方便」になることが多いので要注意です。

また、アメリカでは「節税向け物件」を売る日系業者が大進出中です。全米各都市に、「富裕層節税需要狙い」の日系業者が進出中であり、とくに「テキサス州」の盛り上がりが目立ちます。

この「快速減価償却&節税」をうたった販売例としては、次のようなものがあります。

①中古戸建物件の買取&利益乗せて日本人向けに販売
②中古一棟アパートの買取&利益乗せて日本人向けに販売
③中古一棟アパートの買取&区分売り（要注意）

注意すべきポイントは、
・日本向け販売価格に、法外な利益を乗せているかどうか
・保有数年後に、買った値段から値下がりせずに売れると想定されるか
・そもそも保有数年後に売り先があるのか

資産形成期の人は節税よりも競争力の高い物件を

ひとつシミュレーションをしてみましょう。

額面年収1000万円の人が次のような物件を購入して5年後に売却した場合、どのくらい差がつくでしょうか。

・「節税できる築古戸建」(16万ドル、賃料上昇ゼロ、物件価値上昇2%/年)
・「競争力のある新築戸建」(22万ドル、賃料上昇3%/年、物件価値上昇5%/年)

答えは「競争力のある新築戸建」を買ったほうが556万円の得になります。

・新築を買うと、今後5年間で、45万円しか節税できない
・築古を買うと、今後5年間で、156万円節税できる

・新築物件は、「家賃収入956万円」＋「値上がり益608万円」＝1564万円を生む
・築古物件は、「家賃収入720万円」＋「値上がり益167万円」＝887万円を生む

利回り保証物件とは何か？

利回り保証物件には、次の2つのパターンがあります。

・「家賃保証」＝賃貸中の不動産に空室や滞納があっても、定期的に決まった額が管理会社等から家主に支払われるサービス
・「買取保証」＝購入・完成の何年か後に、決まった額で買い取るサービス

一般に「家賃保証」をうたっている海外物件は、玉石混交です。良いものと良くないものが混在しているため、見分ける必要があります。

良い家賃保証物件とは、「売値に余分な利益を乗せず」、「賃貸収益の中から売主に利回りを返す」物件です。

悪い家賃保証物件とは、「売値に余分な利益を乗せて」売り、「上乗せ分を保証家賃の原資としている」物件です。

減価償却と利回り保証で注意すべき点には、次のようなものがあります。

・減価償却や利回り保証は、多くの場合、業者が海外物件を売りやすくする方便であり、投資物件として優れているとは限らない

・買う側としては、「その商品(物件)にどれだけの価値があって、投資の妥当性があるか」を見きわめる必要がある

また、リスクについては、次の3種類があります。

①元本割れリスク

過大な業者利益が乗った物件を買ってしまい、売る際に損失確定。

②出口不安リスク

そもそも売り先のない物件を買ってしまう。誰かを騙して売り抜けるしかありません。

③運営会社の倒産・詐欺リスク

「かぼちゃの馬車事件」のような倒産スキームは、海外にもあります。

強欲業者による被害の例

快速償却できる米国一棟アパート16室の紹介を受けたお客様が、190万ドルで購入したケースを紹介します。販売会社から4%の保証家賃が振り込まれ、現況ネット年収は7万6000ドルです。

しかし物件の賃貸収支をみると、16室中3室が空室でグロス家賃が年12万3600ドルで、諸経費諸税を引いたネット賃料が6万8163ドルしかなく、キャップレート(=NOI)は3・59%。管理会社から見れば逆ザヤ状態です。

これは周辺取引事例から見ると、そもそも190万ドルの売値自体が異常です。かなりの利益を乗せていると考えられ、それが家賃保証の原資になっていると思われます。

販売会社はこのアパートをリモデルして、年間グロス賃料を20万ドル程度に上げてNOIを6・1%にしようと提案しているそうですが、実施時期や費用に関する言及はありません。もしかすると、客からリモデル費用が出たら、そこからもサヤを抜こうとしているのかもしれません。

元手3000万円で始める海外不動産投資

これは基本なので、断言します！

世界中どこでも、資産価値のしっかりした「本命物件」を持つなら、グロスの目安は一般的に「30万ドル（3000万円）」以上です。

賃料上昇と不動産価値上昇が同時に期待でき、結果的にお金が残るのは、「先進国都市部で3000万円超え物件」に多いからです。そして、そのような「本命」クラスを狙うなら、一般に日本より海外のほうがチャンスが大きいと言えます。
「3000万円本命物件」のスイートスポットは、次のようにして選びます。

・先進国第2、第3の都市（小規模国なら首都でもOK）の中で、人口増加が見込まれ、住宅需給バランスが良く、まだ物件価格の上がりきっていない都市を選ぶ
・その都市内で立地が良く、賃貸や売買の実需層に好まれる場所・物件を選ぶ
・NOI利回り3.5〜5%が目安（6%以上は疑ってかかろう）

本命物件狙い目の都市例を挙げます（2018年現在）。

・アメリカ＝アリゾナ州（フェニックス）、南西フロリダ、テキサス州（ダラス圏）など多数
・カナダ＝カルガリー、モントリオールなど
・オーストラリア＝ブリスベン・ゴールドコースト、パースなど
・イギリス＝マンチェスター、バーミンガムなど
・ドイツ＝デュッセルドルフ、ライプチヒなど

・オランダ＝アムステルダム、ハーグなど
・スペイン＝バルセロナなど
・オーストリア＝ウィーンなど

1000万円〜ニッチ物件の世界

「1000万円しか予算がないけど、海外不動産を買いたい」というニーズは結構大きいものです。

3000万円の本命物件に比べれば資産価値は当然劣ることになりますが、その予算内で「よりマシ」な選択肢を探すなら、「先進国の地方都市で賃貸実需のある物件」になるでしょう。

具体的には、「ドイツやイギリス地方都市の区分」か「アメリカ地方都市の戸建」になります。

それらはNOI利回りは7〜8%くらい出ますが、売買実需がないのでキャピタル期待は乏しくなります。いずれも、「もと繁栄した工業都市で、没落の歴史を経験し、現在回復中の場所」が有望です。

私はそのような物件を心からおすすめするわけではありませんが、1000万円の価格帯は、「介護施設」「学生寮」「業者借り上げ民泊」「不動産担保つきレンディング」など、金融商品チックな投資案件があふれており、そういうものを買うよりはずっとマシだと思います。

元手1億円を使った国際不動産投資

最近、私は「1億円程度の資産を外出ししたいので、その予算の範囲内で世界中の不動産を厳選してほしい」というリクエストをいくつか受けています。依頼者のリテラシーやスキル、リスク選好に応じて、次のような候補をご案内しています。

・「安全な投資」志向の場合、「本命」物件を2~3個組み合わせる。具体的にはドイツ、アメリカ、イギリス、オーストラリアなどの中から好きな国をひとつ（国を散らしたい人は2つまで）選んでもらい、そこからチョイスすることが多い

・地方都市ニッチ物件は本命物件より資産性が落ちるし、1億円でたくさん戸数を買っても管理が煩雑になるので、候補から外す
・資産保全型物件は、世界的な富裕層増加により昨今は価格上昇が著しく、「1億円でも足りない」世界になるので、おすすめが難しい
・不動産投資運営のスキルが高く、高収益を志向してリスクも取れる投資家には、「投資」ではなく「事業」をおすすめすることが多い
・「高収益」志向の場合、海外での不動産開発や改築プロジェクトに「資本参加」することで、プロジェクトIRR15％超を目指すことが可能
・ドイツの一棟アパートに、現地パートナー＆銀行との共同出資により「10年間保有・賃貸運営してから売却」。予算1億円、IRR11％超が目標
・ブルネイの16戸ショップハウス開発で、現地パートナーの仲介・アセットマネジメントにより、「土地を取得、3年間で上物建てて現地商店主に売り切り」プラン。予算1・5億円。IRR20％超が目標
・ウズベキスタンのオフィススペースを購入、「3年間保有・賃貸運営してから売却。余剰キャッシュは現地マイクロファイナンスで高利回り運用」。予算1・5億円、IR

R15％超が目標

この章のまとめ

・海外では「価値の根拠がしっかりして」、「値下がりしにくい物件」を選ぶのが鉄則

・世界の多くの国は、日本と違って「キャピタル（値上がり）狙い」が「インカム（家賃収入）狙い」よりも優先するマーケットであることを理解したい

・自身の投資目的が「値上がり」なのか「家賃収入」なのか「資産保全」なのかを見きわめ、世界中どこでも最適な都市やアセットを選べるようにしたい

・いま流行りの「減価償却＆節税物件」や「利回り保証物件」は、結局、海外物件を売るための方便であることを理解し、物件本来の価値や投資の意味があるのかを注意すべき

海外不動産投資成功ポイント

①お金持ちは不動産を所有する
②不動産とは長期保有しても安心な商品が基本
③不動産の安心とは現物の価値に比例する
④現物の価値とは借り手・買い手の存在が前提
⑤現物の価値とは自由に貸せる・売れるが基本
⑥不動産の利用価値と収益の見通しを一番に考える
⑦賃料上昇=価格上昇への期待

これを海外での不動産投資でも忘れてはいけません。

第6章

ドイツ不動産投資実例集

（※販売済の物件も含まれます）

事例1 ヴェーゼル市の一棟アパート

このアパートは、1965年にヴェーゼル市に建設されました。ヴェーゼル市はデュッセルドルフの北約100㎞に位置し、オランダ国境に近い人口6万人ほどの小さな町です。物件は4フロアで、建物はにぎやかな商店街にあり、目の前は小さなデパートです。公共交通機関や高速道路も近く、学校、幼稚園、銀行、医療施設、スーパーマーケットは徒歩圏内またはクルマですぐのところです。

築年	1965年
住宅部分	767.00㎡
商業(1F部分)	906.00㎡
階数	4階建て
総戸数	11戸
NET利回り	8.5%
年間賃料	99,654€
価格	1,170,000€

事例2
メールスの一棟アパート

メールスはライン川を挟んでデュイスブルグの西岸エリアにある住環境の良い町です。この物件は4階建てのアパートメントで、1階にはクリーニング店、レストラン、クリニックなど4店舗が入っています。高速道路に近く、公共交通機関網の利便性の良いところに位置しています。学校、幼稚園、銀行、医療施設、スーパーマーケットは、徒歩圏内またはクルマですぐのところにあります。

築年	1957年(1977年改築)
住宅面積	892.10 ㎡
商業(1F部分)	678,72 ㎡
階数	4階建て
総戸数	19戸
NET利回り	9.0%
年間賃料	125,518 €
価格	1,396,500 €

事例3
メンヒェングラードバッハ

メンヒェングラードバッハはデュッセルドルフからライン川を挟んで西に約25キロほどのところにある、古く歴史ある町です。人口は26万人程度ですが、ドイツ人の居住者が多く、住居地域に向いた静かで美しい町です。この物件は1991年に改築された、内外装ともにデザイン性の高い建物です。粗利率は低めでも、安心感のあるエリアです。

築年	1903年（1991年改築）
およその床面積	329.0 ㎡
総戸数	4戸
階数	3階建て
年間収益	25,920 €
価格	450,000 €

事例4 ヴッパタールの一棟アパート

ヴッパタールはデュッセルドルフの東方約30キロのところにある、ドイツ産業革命の中心となった工業都市です。世界最古のモノレールが走る町で、ドイツ国内でも上位の観光人気を誇っています。この物件は、そのモノレールの駅から徒歩1分という立地にあり、1階にはレストランが入っています。

築年	1900年
およその床面積	234.0㎡
商業スペース	275.0㎡
階数	2階建て
総戸数	2戸
NET利回り	7.8%
年間収益	38,000€
価格	490,000€

事例5 ヴッパタールの一棟アパート

この物件はヴッパタールの中心を流れるヴッパー川に沿った大通りに近い場所にあります。Sバーンの駅から徒歩10分前後と便利な立地で、近くには総合病院やホテル、スーパーマーケット、ホームセンターなどが立ち並んでいます。利便性の非常に高いエリアです。

築年	1914年
およその床面積	407.0㎡
商業スペース	245.0㎡
階数	3階建て
総戸数	6戸
NET利回り	6.6%
年間収益	26,300€
価格	399,000€

事例6
ヴッパタールの一棟アパート

この物件は、映画館、ショッピングモール、家電量販店、大きな商店街の店が立ち並ぶ、大きな商店街などの中にあります。総合病院やハンバーガーショップ、寿司レストランなども近くにあります。1階に商業店舗がありますが、この物件の特徴は非常に状態が良いことです。また、あらかじめ4割程度の銀行優位も付いているという、非常に稀な物件です。

築年	1964年
およその床面積	252.0 m²
商業スペース	84.0 m²
階数	4階建て
総戸数	6戸
NET利回り	7.4%
年間収益	32,000 €
価格	440,000 €

事例7
ヘルネの一棟アパート

ヘルネはエッセンから東に約10キロの位置にあり、ドルトムントからは西に20キロほどの場所です。人口は16万人ほどです。この物件は商店街の中心にあり、1階には地元で有名なジェラート店が入っています。目の前にはスーパーマーケットがあり、非常に便利な立地です。

築年	1902年
およその床面積	344.0㎡
商業スペース	284.0㎡
階数	3階建て
総戸数	3戸
NET利回り	8.4%
年間収益	39,384€
価格	469,000€

事例8
デュイスブルクの一棟アパート

デュイスブルクはデュッセルドルフの北約30キロに位置する人口50万人の工業都市です。本物件はデュイスブルクの北エリアにあたるマークスローにあります。路面電車が走り、トルコ料理店やディスカウントスーパーなどがあり、生活利便性の非常に高い立地です。内部は一部リノベーション済みで、利回りも高く、投資効率の良い物件です。

築年	1905年
およその床面積	387.0㎡
階数	4階建て
総戸数	4戸
NET利回り	8.8%
年間収益	26,400€
価格	299,000€

事例9 デュイスブルクの一棟アパート

デュイスブルクのやや北側エリアにあたるハンボルンにある物件です。アウトバーン出入口に近く、交通の便の良い場所で、近くには大きな公園やショッピングモール、大型家具店などがあります。しかし繁華街からは少し離れており、1階店舗が長く空いたままなのが気になります。また、建物の管理状態があまり良くなく、お客様にはすすめにくい物件でした。

築　年	1910年
およその床面積	248.0㎡
商業スペース	245.0㎡
階　数	3階建て
総戸数	2戸
NET利回り	8.2%
年間収益	28,200€
価　格	345,000€

事例10 デュイスブルクの一棟アパート

この物件はデュイスブルク・ホーホフェルト地区にあり、アウトバーン出入口とUバーン駅が近く、路面電車の走る通りまでは徒歩1分という交通の便の良い立地です。近くには総合病院やスーパーマーケットもあり、住環境は充実しています。ただし建物の管理状態があまり良くなく、購入するなら窓サッシの交換を条件にしたい物件でした。

築　　　年：1952年
およその床面積：414.0㎡
階　　　数：4階建て
総　戸　数：8戸
将来見込みNET利回り：9.0%
現況NET利回り：7.7%
年 間 収 益：25,164€
価　　　格：280,000€

事例11

デュイスブルクの一棟アパート

P・193に掲載した事例8に近い場所にあり、路面電車の駅まではわずか20メートル程度です。スーパーマーケットや家電量販店もすぐ近くにあります。築は古いですが、1950年に一度改修されています。

築年	1903年(1950年改修)
およその床面積	418.0㎡
階数	3・5階建て
総戸数	8戸
NET利回り	7.4%
年間収益	36,190€
価格	489,000€

事例12 ヴェッターの一棟アパート

ヴェッターはドルトムントの南西約15キロに位置する、ヘンクシュタイン湖を望む緑豊かな住宅エリアです。起伏に富んだ地形が、趣の深い町並みを作り出しています。この物件はもともと1階がレストランでしたが、住宅ニーズの高いエリアのため、住宅に改修しての販売となりました。したがって内外装とも状態は非常に良好です。

築年	:	1900年
およその床面積	:	335.0 ㎡
階数	:	3階建て
総戸数	:	6戸
建物の状態	:	内部リノベーション済
NET利回り	:	8.0%
年間収益	:	27,720 €
価格	:	348,000 €

事例13

ハーゲンの一棟アパート

ハーゲンはドルトムントの南約20キロに位置する人口20万人弱の町です。この建物はもともと1階がレストランでしたが、今はそれを町が借り上げ、若者用の料理学校として運用していま す。住宅部分は一部木造となっており、建物の状態としては評価が厳しい物件でした。

築　　　　年：1910年
およその床面積：455.0㎡
商業スペース：113.0㎡
総　戸　数：9戸
将来見込みNET利回り：8.5%
年　間　収　益：34,747€
価　　　　格：410,000€

事例14
デュッセルドルフの一棟アパート

デュッセルドルフ中央駅から徒歩５分圏内のホテルとして運用中の物件です。ホテルの稼働率は高く、視察の日も満室でした。周辺には多くのレストラン、ホテルが建ち並んでいます。

築　　年：1972年
商業スペース：720.0㎡
階　　数：6階建て
NET利回り：4.6%
年間収益：141,600€
価　　格：3,100,000€

事例15
ヴッパタールの一棟アパート

ヴッパタール中心部のバルブン駅から徒歩7~8分の場所にある物件です。駅前には映画館や数多くのレストラン、スーパーマーケットがありますが、物件周辺は住宅街で、ヴッパタールらしい建物が並ぶ町並みです。

築年	:	1900年
階数	:	4階建て
総戸数	:	7戸
NET利回り	:	8.1%
年間収益	:	25,000 €
価格	:	310,000 €

事例16 デュッセルドルフの一棟アパート

本物件はデュッセルドルフの南エリアにあるガラート駅前の大型住宅です。比較的築年も新しく、RC造で状態の良い建物です。昔の王宮のあるベンラートの近くで、住環境の良いエリアであるため、利回りは低めでも安心感のある物件です。

築年	1973年
およその床面積	1,674.0㎡
商業エリア	3,002.0㎡
階数	6階建て
総戸数	28戸
NET利回り	5.0%
年間収益	385,720€
価格	7,650,000€

事例17
オーバーハウゼンの一棟アパート

オーバーハウゼンはデュイスブルクから10キロほど離れた人口20万人ほどの町です。オランダに向かうドイツ鉄道が通じ、周辺の工業都市のどこにでも通勤可能な便利な場所です。最近ではドイツ最大のショッピングセンター「ツェントロ」が有名で、近隣の町からも多くの人が買い物やレジャーで集まってきます。本物件は管理状態も良く、小ぶりですが利便性の高いエリアにある物件です。

築年	1903年
およその床面積	292.0㎡
階数	3階建て
総戸数	4戸
NET利回り	7.1%
年間収益	21,252€
価格	295,000€

事例18

ヴッパタールの一棟アパート

ヴッパタール南方の小さな商店街にある木造アパートです。1階には商業店舗が入っています。2階と3階が住居部分ですが、前オーナーが居住用として使用していました。状態としてはかなり修繕が必要な物件でした。

築年	1900年
およその床面積	115.0㎡
商業スペース	85.0㎡
階数	3階建て
総戸数	2戸
見込みNET利回り	7.2%
年間収益	20,280€
価格	280,000€

事例19 ヴッパタールの一棟アパート

ヴッパタールらしいデコラティブな外観の建物です。周辺環境は緑も多く、起伏ある町並みが印象的です。利便性の高い場所なので人気のあるエリアです。

築年	1900年
住宅部分	444.0 ㎡
階数	3階建て
総戸数	5戸
見込みNET利回り	7.0%
年間賃料	29,004 €
価格	415,000 €

事例20 ミェンヒェングラードバッハのアパート

ミェンヒェングラードバッハはデュッセルドルフから25キロほど西に向かった場所にあります。小さな住宅街の美しい町です。本物件は比較的築年が新しい分、利回りは低めですが、テナントリスクの少ない安定した物件です。

築年	1975年
住宅部分	79.00㎡
階数	8階建ての6階
NET利回り	7.6%
年間賃料	3,413€
価格	45,000€

事例21 デュイスブルクのアパート

デュイスブルク・ノイエンカンプの区分アパートです。周囲にスーパーマーケットや家具店、プールなどがあります。駅は15分くらい歩きますが、高速道路の出入口は近いので、車は便利です。ただ管理状態が良くなく、テナントもあまりきれいに使用していなかったのが気になりました。利回りが高すぎるとテナントリスクの高いエリアです。

築年	1926年
住宅部分	52.00㎡
階数	2階建て
フロア	最上階
NET利回り	12.5%
年間賃料	4,738€
価格	38,000€

事例22 ゲルゼンキルヘンの一棟アパート

ゲルゼンキルヘンはデュイスブルクから東に30キロほど行ったところにある、人口26万人ほどの町です。サッカーチームのシャルケが有名です。本物件は交通の便も良く、スーパーなどのある生活利便性の高いエリアにあります。4戸と小ぶりですが、利回りが高い物件です。

築年	1900年
面積	244.00㎡
階数	3階建て
総戸数	4戸
NET利回り	8.7%
年間賃料	12,240€
価格	140,000€

事例23

ゲルゼンキルヘンの一棟アパート

アウトバーンの出入口に近く、車の便がとても良い物件です。ドイツの物件としては珍しく、コーナーサッシが使用されており、窓からは美しい街路樹が眺められます。物件の管理状態も良く、地下室もきれいに管理されていました。大型スーパーマーケットが目の前にある、住むのにとても便利な場所です。

築年	1930年
面積	365.00㎡
階数	3階建て
総戸数	6戸
NET利回り	8.0%
年間賃料	26,000€
価格	325,000€

事例24 デュイスブルクの一棟アパート

デュイスブルク・マイデリッヒエリアにある物件です。路面電車の駅に近く、まわりにスーパーマーケット、ディスカウントスーパーがいくつかあります。建物は赤い特徴的な外装で、緑の多い町並みに独立して建っています。管理状態も良く、中庭や共用部分がきれいに手入れされていました。

築年	1962年
面積	550.00㎡
階数	4階建て
総戸数	8戸
NET利回り	8.4%
年間賃料	39,348€
価格	525,000€

あとがき

多くの日本人にとって、ドイツという国は「近いようで遠い国」かもしれません。

国産車が大多数を占めている日本の自動車事情を見てみると、その中でしっかり売れている輸入車はほとんどがドイツ車です。メルセデス・ベンツ、フォルクスワーゲン、ＢＭＷ、アウディ、ポルシェなどのブランドは、知らない人はいないでしょう。日本の工業製品は世界最高レベルだと思っている人でも、ドイツ製品には一目置いているようです。

観光でもロマンチック街道をはじめとするドイツの各地方に憧れを持っている人は少なくありません。「ヨーロッパの古城」といえばノイシュバーンシュタイン城の映像が出てきますし、ドイツビールやソーセージは日本国内でも人気があります。

しかし、実際にドイツに住んだことのある人、ドイツの不動産を買ったことのある人となると、きわめて少ないのではないでしょうか。ましてや、ドイツにどんな法律があるのか、暮らしやすいのか、ビジネスをする環境はどうなのかを語れる人はめったにいません。多くの日本人にとっては、ドイツは表面的にはよく知っているつもりでいても、じつは深いところまでは知らない国なのです。

本書のタイトルを見て、「えっ？　ドイツの不動産？」と意外に思われた方も多いと思います。海外不動産投資といえば、アメリカやオーストラリア、東南アジアが有名ですが、ドイツの不動産を購入してそれで利益を上げるという話は新鮮に感じられたこと思います。
しかし、私が本書の中でお話ししているように、不動産投資は基本のセオリーさえ押さえておけば、世界のどこであってもビジネスは可能です。もちろん、法律がちゃんとしていて、ある日突然革命が起きたり法律が変わったりしないという前提条件はありますが。

ドイツの不動産は「まだ数年は」投資対象として旨味があります。本書をよくお読みになってから、興味が湧くようでしたらぜひ私たちにお声がけください。そして暖かくて観光に適している時期に、一緒にドイツに行きましょう。現地の魅力的な物件をいくつもご案内したいと思います。

私たちは「世界の不動産のソムリエ」を目指しています。何年か経ってドイツ不動産の魅力が薄れるようなことがあっても、必ず次の投資対象を見つけてきてご紹介したいと思います。本書でできたご縁を大切にして、末永くお付き合いを願えれば幸いです。

2019年4月

市川隆久

著者　市川隆久（いちかわ　たかひさ）
［略歴］
1961年生まれ
1984年　株式会社リクルート入社
1986年　株式会社リクルートコスモス転籍
2004年　同社九州支社長
2008年　同社千葉支社長
2009年　株式会社アイランド東京支店長
2015年　独立　国際不動産コンサルタント
2017年　株式会社国際不動産エージェント代表取締役
東京外国語大学中国語学科卒業

25年間、不動産営業・マーケティング・商品企画に従事。

その後、海外不動産の販売に従事し独立。世界各国の不動産を視察、販売・セミナー講師を務める。

30年間のデベロッパー経験を活かし、独自の不動産マーケティング理論と組み合わせた分析を得意とする。27ケ国78都市の不動産を視察し現在も継続中。

株式会社国際不動産エージェント
ホームページ：www.ipag.jp

著者LINE@QRコード

海外不動産投資はなぜドイツがいいのか ホンネでお話しいたします

2019年5月15日　初版発行

著　　者　市川隆久
発 行 人　大西強司
制　　作　とりい書房第二編集部・むくデザイン事務所
構成・編集協力　山崎　修（悠々社）
D T P　Kオフィス
カバーデザイン　ピッコロハウス
発 行 元　とりい書房
〒164-0013　東京都中野区弥生町2–13–9
TEL 03-5351-5990
ホームページ　http://www.toriishobo.co.jp
印 刷 所　音羽印刷株式会社

ISBN978-4-86334-107-4
Printed in Japan